Alan Posener

John F. Kennedy

Biographie

Rowohlt

2. Auflage März 2022

Lektorat Uwe Naumann
Satz Proforma *und* Foundry Sans, *PostScript,*
InDesign 7.0.4
Gesamtherstellung CPI books GmbH, Leck, Germany
ISBN 978-3-498-05313-0

Die Rowohlt Verlage haben sich zu einer nachhaltigen Buchproduktion verpflichtet. Gemeinsam mit unseren Partnern und Lieferanten setzen wir uns für eine klimaneutrale Buchproduktion ein, die den Erwerb von Klimazertifikaten zur Kompensation des CO_2*-Ausstoßes einschließt.*
www.klimaneutralerverlag.de

FSC www.fsc.org MIX Papier aus verantwortungsvollen Quellen FSC® C083411

INHALT

Kennedy autorisiert die Seeblockade gegen Kuba,
23. Oktober 1962

Vorwort: Warum Kennedy?

Warum fasziniert uns John F. Kennedy noch immer? Seine Präsidentschaft liegt mehr als ein halbes Jahrhundert zurück und dauerte kaum mehr als 1000 Tage. Der Kalte Krieg, der in Kennedys Amtszeit mit dem Bau der Berliner Mauer und der Raketenkrise um Kuba seinen Höhepunkt erreichte, ist Geschichte. Jene Jahre der ständigen Angst und gelegentlichen Hysterie im Schatten atomarer Vernichtung erscheinen selbst den Menschen, die sie durchlitten, sehr weit weg. Der Kommunismus ist verschwunden.

Auch die Gesellschaften des Westens haben sich verändert. Zwischen Kennedy und uns liegt die soziale und kulturelle Revolution der 1960er Jahre. Das Apartheidsystem, das zu Kennedys Lebzeiten die Südstaaten der USA prägte, ist überwunden. 2008 wurde ein Schwarzer Präsident der Vereinigten Staaten. Die Erde ist, trotz allem, was uns heute ängstigt und empört, ein besserer Ort geworden.

Wie viel John F. Kennedy dazu beigetragen hat, bleibt umstritten. Noch vor Ende des Kalten Krieges wurde er in einer Umfrage unter Historikern und Journalisten zur «am meisten überschätzten Gestalt der amerikanischen Geschichte» erklärt. In den Medien tauchen immer neue Enthüllungen über seine unzähligen Affären auf. Die Freigabe seiner Krankenakten offenbart einen Mann, der die Öffentlichkeit über die Schwere seiner Leiden und über seine bedenkliche Medikamentenabhängigkeit getäuscht hat. Und doch gilt Kennedy den Bürgern der USA, wie die regelmäßig durchgeführten Meinungsumfragen belegen, bis heute als einer ihrer ganz großen Präsidenten, zusammen mit dem Gründer der Nation George Washington, dem Retter der Nation Abraham Lincoln und dem Reformer der Nation Franklin D. Roosevelt. Weltweit sind John F. Kennedy und seine Ehefrau Jacqueline – «Jack und Jackie», wie sie genannt wurden – zu Ikonen des amerikanischen Jahrhunderts geworden.

Dafür mögen Zyniker eher die Umstände seines Todes als die Leistung seines Lebens verantwortlich machen. Die Ermordung dieses attraktiven und lebenslustigen Mannes durch einen geltungssüchtigen Verlierer am 22. November 1963 in Dallas erschien den Zeitgenossen wie ein Anschlag auf die Zukunft selbst. Im kollektiven Gedächtnis Amerikas markiert das Datum des Attentats einen Scheidepunkt – das schlimmste Ereignis zwischen dem japanischen Angriff auf Pearl Harbor am 7. Dezember 1941 und dem Angriff islamistischer Terroristen auf New York und Washington am 11. September 2001.

Dieses Gefühl mag dem kalt sezierenden Historiker abgehen; die Populärkultur artikuliert es. So schreibt der Sänger Don McLean über seinen Song «American Pie», er handle vom Untergang der idyllischen Welt der 1950er Jahre, der «im Mord an Präsident Kennedy kulminierte, mit dem eine schwierigere Zeit für Amerika begann» [1]. In «Sympathy For The Devil» von den Rolling Stones werden die Morde an John F. und Robert Kennedy neben der russischen Revolution und dem Zweiten Weltkrieg als Werk des Teufels dargestellt. Und Stephen King, Chronist amerikanischer Albträume, lässt in seinem Roman «11/22/63» einen Mann des 21. Jahrhunderts in die Vergangenheit reisen, um den Mord an Kennedy zu verhindern und damit auch die Kette traumatischer Ereignisse, die auf den Anschlag folgte, zu unterbrechen. «Falls du jemals die Welt verändern wolltest [...], hier ist deine Chance. Rette Kennedy, rette seinen Bruder. Rette Martin Luther King. Verhindere die Rassenunruhen. Verhindere vielleicht sogar den Vietnamkrieg.» [2]

Skeptikern zum Trotz lebt der Mythos «JFK» also auch im neuen Jahrhundert fort. Kennedy selbst hätte das vielleicht nicht gewundert: *Der größte Feind der Wahrheit ist nicht die Lüge – absichtsvoll, künstlich, unehrlich –, sondern der Mythos –*

hartnäckig, verführerisch und unrealistisch.[3] Die Wahrheit über dieses kurze Leben freilich, in deren Licht John F. Kennedy komplexer, widersprüchlicher und auch dunkler erscheint als im Mythos, ist nicht weniger faszinierend. Im Gegenteil. Je weiter wir uns von den Kämpfen und Kontroversen seiner Zeit entfernen, desto mehr erscheint seine Biographie als eine exemplarische Erzählung über die Macht und ihren Preis. Dieses Thema ist zeitlos.

Das Geburtshaus John F. Kennedys in Brookline, Massachusetts, 2003

Eine amerikanische Dynastie

Die Zuwanderer

Am 12. August 1944 hebt ein amerikanischer Bomber von einem Stützpunkt an der englischen Küste ab. An Bord sind zwei Piloten und zehn Tonnen Sprengstoff. Die tödliche Ladung gilt deutschen Bunkern, aus denen Flugbomben auf London abgeschossen werden. Die Piloten Wilford Willy und Joseph Kennedy Junior sollen die Maschine auf Kurs bringen, den Zündmechanismus einstellen und dann abspringen. Sie sind Freiwillige, die ihre Chancen optimistisch mit «fünfzig zu fünfzig» einschätzen. Kennedy ist der älteste Sohn des Millionärs und Politikers Joseph Patrick Kennedy. Es ist ein offenes Geheimnis, dass der ehrgeizige Vater nichts weniger für seinen Sohn will als das Weiße Haus.

Die Fernsteuerung wird eingeschaltet, dann der Zündmechanismus. In diesem Augenblick gibt es eine gewaltige Explosion, und der Bomber verschwindet in einem Feuerball. Von den Piloten findet man nie eine Spur.

Zwei katholische Priester überbringen dem Vater die Todesnachricht in Hyannis Port, dem Sommersitz der Familie an der Atlantikküste. Es ist ein warmer Sonntagnachmittag, und wie so oft haben sich auch die erwachsenen Kinder mit ihren Freunden eingefunden. Joseph Kennedy sagt ihnen, was passiert ist, ermahnt sie, besonders gut zu ihrer Mutter zu sein – und auf keinen Fall die angesetzten Segelregatten ausfallen zu lassen. Dann schließt er sich in sein Zimmer ein.

Der zweitälteste Sohn, John Fitzgerald («Jack») Kennedy, geht nicht zum Segeln. «Stattdessen ging er stundenlang am Strand vor unserem Haus auf und ab», erinnerte sich seine Mutter Rose.[4] Jack ist nun der älteste Sohn und mit knapp 28 Jahren wider Willen der Fackelträger der Ambitionen seines Vaters. Sein Freund und Kriegskamerad Paul «Red» Fay erinnert sich, dass Jack ihn wenige Wochen später beim Anblick des Vaters anstößt und sagt: *Gott! Da geht der Alte! Er ist schon dabei, den nächsten Schritt zu planen. Ich bin's jetzt, weißt du? Ich bin jetzt dran.*[5] 1957 erzählt John F. Kennedy – inzwischen Senator in Washington und aussichtsreicher Kandidat für die Präsidentschaft – einem Reporter: *Es war wie eine Einberufung. Mein Vater wollte, dass der älteste Sohn in die Politik geht. ‹Wollte› ist nicht das richtige Wort – er verlangte es. Sie kennen doch meinen Vater.*[6] Im selben Jahr erzählt er der Zeitschrift «McCall's»: *Aus meiner Familie war mein Bruder Joe die logische Wahl für eine politische Karriere, und wenn er gelebt hätte, so wäre ich weiterhin Schriftsteller geblieben. […] Sollte ich sterben, würde mein Bruder Bob Senator werden wollen, und wenn ihm etwas zustoßen sollte, würde mein Bruder Teddy an unserer Stelle kandidieren.*[7]

Tatsächlich wird Robert («Bob» oder «Bobby») Kennedy nach dem Tod seines Bruders Senator, greift nach der Präsidentschaft und wird 1968 während seines Wahlkampfs ermordet. Edward («Ted» oder «Teddy») Kennedy wird ebenfalls Senator und bleibt es bis zu seinem Tod 2009. 1980 bemüht auch er sich – allerdings erfolglos – um die Nominierung als Präsidentschaftskandidat der Demokratischen Partei. Die Kennedys waren und bleiben eine politische Dynastie, amerikanische Aristokraten, ja fast so etwas wie eine königliche Familie.

Dabei stammen sie aus einer Einwanderergruppe, die der amerikanischen Mehrheitsgesellschaft bis weit ins 20. Jahrhundert hinein religiös suspekt und kulturell fremdartig erscheint. Die Kennedys sind katholische Iren. Anders als die protestantischen Pilgerväter kommen die Iren nicht nach Amerika, um eine gesellschaftliche Utopie zu verwirklichen oder religiöse Freiheit zu erlangen. Sie fliehen vor dem «Großen Hunger», der nach Ausbruch der Kartoffelpest 1845 in Irland wütet. Über eine Million Iren verhungern, eine weitere Million rettet sich über den Atlantik, darunter Patrick Kennedy und Bridget Murphy, John F. Kennedys Urgroßeltern väterlicherseits, die 1849 in Boston ankommen. Sie haben sich auf dem Schiff kennengelernt. Der Bauernsohn Patrick findet gleich im Hafen Arbeit als Fassbauer. Er stirbt nach zehn Jahren, ohne je den Fuß außerhalb Bostons gesetzt zu haben.

Wie Patrick und Bridget Kennedy bleiben die Iren in Amerika meistens dort, wo sie an Land gespült worden sind: in den Städten des Ostens, wo aus Kleinbauern Proletarier werden. Fehlt ihnen der Pioniergeist, wie ihnen ihre angelsächsischen Verächter vorwerfen? Eher fehlt ihnen das bescheidene Kapital, das zur Ausrüstung eines Planwagens gehört. Hinzu kommen aber erstens ihr bäuerlicher Clan-Geist und zweitens ihre Religion. Dem protestantischen Pionier ersetzen in der Wildnis Bibel und Gewissen die Kirche; für die katholischen Iren aber bleibt die Kirche im neuen Elend der Slums wie früher im ländlichen Elend Mittelpunkt des Lebens. Der Priester bleibt ihr geistiger Führer. Die Pioniergrenze des Westens – die «Frontier» – bleibt ihnen fremd. Nicht ohne geschichtliche Ironie ist es daher, dass 111 Jahre nach der Ankunft Patrick Kennedys in der neuen Welt sein Urenkel, der erste katholische Präsident Amerikas, eine *New Frontier* verkündet: Sie liegt in den Slums der Großstädte, im Dschungel Vietnams und in den Staubwüsten des Mondes.

Bridget Kennedy hat fünf Kinder. Sie schuftet, spart, kauft einen Kurzwarenladen und legt damit die Grundlage für den Aufstieg ihres Sohns Patrick Joseph Kennedy. «P. J.» beginnt seine Karriere als Kneipenwirt. Für die Iren in Amerika ist neben der Kirche die Kneipe die wichtigste Sozialeinrichtung. Aus den engen Mietwohnungen mit ihren stinkenden Gemeinschaftstoiletten, dem Kindergeschrei und dem Gejammer der dort eingesperrten Frauen fliehen die Männer in die Geselligkeit der Kneipe. Der Alkohol zerstört unzählige Leben. Doch in den Kneipen entsteht auch jenes System der Solidarität, mit dem die Zuwanderer sich gegen die weiße, angelsächsische, protestantische Elite – die WASPs – behaupten. Es ist die von örtlichen «Bossen» kontrollierte Parallelgesellschaft der «Maschine».

Von seinem Kneipenhinterzimmer aus kümmert sich der Boss um die täglichen Sorgen der Menschen: besorgt Jobs, vermittelt Kredite, regelt Sachen mit der Polizei, tröstet Witwen und Waisen. Im Gegenzug verlangt er weiter nichts als die Stimmen seiner Leute am Wahltag. Besonders eifrige Helfer werden nach dem Wahlsieg mit Posten in der Stadtverwaltung, der Polizei, der Müllabfuhr usw. belohnt. In der zweiten Hälfte des 19. Jahrhunderts erobern irische Bosse die Rathäuser von New York, Boston, Baltimore und anderen Großstädten der Ostküste und verwandeln die örtlichen Organisationen der Demokratischen Partei in Teile ihrer «Maschine». Programm und Tradition der Demokraten sind ihnen herzlich gleichgültig; die Republikanische Partei aber, die «Grand Old Party» Abraham Lincolns, ist fest in den Händen der alteingesessenen Familien.

Katholiken in den USA: eine Erfolgsgeschichte
Zur Zeit der amerikanischen Revolution (1776) bilden Katholiken etwas mehr als ein Prozent der Bevölkerung der 13 britischen Kolonien. Heute (Stand 2012) leben in den USA fast 78 Millionen registrierte Katholiken. Das entspricht etwa einem Drittel der Bevölkerung. Obwohl sich etwas mehr als die Hälfte der US-Bevölkerung einer der Spielarten des Protestantismus zurechnet, bildet die katholische Kirche das größte Einzelbekenntnis vor den Baptisten, Methodisten und Lutheranern. Die USA besitzen die drittgrößte katholische Bevölkerung der Welt, nach Brasilien und Mexiko. ➲

Die Demokratische Partei zieht jene an, die das Establishment ausgrenzt: die Proletarier der Ostküste ebenso wie die Kleinbauern des Südens; progressive jüdische Intellektuelle und antisemitische katholische Gewerkschaftler; Reformer aus dem Norden und Populisten aus dem Süden, die gegen die «Bastardisierung» Amerikas durch Schwarze, Juden, Katholiken und Freimaurer ebenso wettern wie gegen das Finanzkapital und die Macht der Bürokraten in Washington.

P. J. Kennedy steigt zum Boss des zweiten Bostoner Wahlbezirks auf und wird in den Senat von Massachusetts gewählt. Als Generalimporteur einer britischen Whiskyfirma und Hauptaktionär einer kleinen Bank bringt es Patrick zu einigem Wohlstand und zieht mit seiner Familie aus den Slums in einen Vorort, wo die «Spitzengardinen-Iren» wohnen. Gegen den Widerstand der Kirche schickt er den 1888 geborenen Sohn Joseph nicht auf eine katholische Konfessionsschule, sondern – wie die protestantischen «Brahmanen» – auf die Bostoner Lateinschule.

Nach dem Studium arbeitet «Joe» kurz in der Bank seines Vaters, wird stellvertretender Bankprüfer des Staates Massachusetts und ist mit 25 Jahren der jüngste Bankpräsident der USA. Als Lebensziel gibt er an: «Bis fünfunddreißig Millionär sein.»[8] Die Heirat mit Rose Fitzgerald, der Tochter eines früheren Bostoner Bürgermeisters, bedeutet die Vereinigung zweier mächtiger irischer Clans und ist der Gründungsakt der Dynastie.

Über Rose Fitzgerald Kennedy schreiben heißt, über die Rolle der Frau in der patriarchalischen Zuwanderergesellschaft nachzudenken, deren Rückständigkeit und Kinderreichtum den angelsächsischen Zeitgenossen als Gefahr für den Bestand Amerikas erscheinen. Rose Kennedys Großmutter Rosanna gebiert ihrem Mann Thomas Fitzgerald in 22 Jahren zwölf Kinder. Als sie fünfundvierzigjährig stirbt, ist sie mit ihrem dreizehnten Kind schwanger. Fitzgerald ist ein irischer Bauernsohn, der es in Boston zum Mitinhaber eines Lebensmittelgeschäfts gebracht hat, das abends als Kneipe fungiert. Sein zweitältester Sohn John Francis Fitzgerald wird es zum Bürgermeister von Boston bringen. Dessen Frau – und entfernte Cousine – Mary ist eine blasse, stets klagende Gestalt, die kaum Anteil am gesellschaftlichen Leben ihres lebenslustigen Mannes nimmt, son-

Gründe für das Wachstum der katholischen Kirche

1. Westliche Expansion der USA mit Kauf bzw. Annektierung französischer und spanischer Gebiete. Bereits 1850 bilden Katholiken die größte Einzelkonfession.
2. Zuwanderung aus Irland, Italien, Polen und Deutschland. Zwischen 1850 und 1900 verdreifacht sich die Zahl der Katholiken auf etwa 12 Millionen oder ein Sechstel der Bevölkerung, was zu Warnungen vor der «katholischen Gefahr» führt.
3. Im 21. Jahrhundert hat die Zuwanderung aus Lateinamerika das Gesicht der bis dahin vom irischen Klerus beherrschten Kirche in den USA verändert. Ein Viertel aller Katholiken und die Hälfte der Katholiken unter 40 Jahren sind heute «Hispanics». «Wenn man wissen will, wie das Land in drei Jahrzehnten aussehen wird, muss man die katholische Kirche betrachten» (Luis Lugo, Politikwissenschaftler, 2009).

Der Großvater mütterlicherseits: John F. Fitzgerald, Bürgermeister von Boston

dern zu Hause bei den sechs Kindern bleibt. Rose, das älteste Kind, will alles anders machen.

Rose ist das älteste Kind, der Liebling des Vaters, den sie abgöttisch liebt. John Fitzgerald hat als einer der ersten Iren die Bostoner Lateinschule besucht und ein Medizinstudium begonnen, das er jedoch nach dem Tod des Vaters abbricht. Stattdessen geht er in die Politik und wird Boss des sechsten Bostoner Wahlbezirks, der «Napoleon vom Nordende». Zusammen mit Männern wie Patrick Kennedy kontrolliert Fitzgerald die Demokratische Partei in Boston, lässt sich in den Senat von Massachusetts, in den Kongress der USA und 1906 zum Bürgermeister Bostons wählen. Er ist beliebt, ein Meister des «fliegenden irischen Wechsels»: einem Menschen die

Hand schütteln, sich gleichzeitig angeregt mit einem zweiten unterhalten, dabei einem dritten zuzwinkern. Er fehlt bei keiner Feier, keinem Ball, keiner Totenwache. Und an seiner Seite steht Rose: intelligent, redegewandt, schön; eine Vollblutpolitikerin.

Gegen den Wunsch der Kirche schickt Fitzgerald seine Töchter auf eine nichtkonfessionelle Schule. Rose soll danach Wellesley College besuchen, die erste Hochschule, die Frauen eine den Männern gleichwertige Ausbildung ermöglicht, damals ein Zentrum der Frauenbewegung. 1907 aber – keine zwei Jahre im Amt – wird Fitzgerald mit den Ergebnissen einer Untersuchungskommission konfrontiert, die der Stadtverwaltung Verschwendung, Vetternwirtschaft und Korruption vorwirft. Da erscheint es nicht ratsam, sich auch noch die Kirche zum Feind zu machen. Rose wird auf eine holländische Klosterschule geschickt, wo sie lernt, sich dem Willen Gottes und ihres künftigen Ehemanns unterzuordnen, Glück und Erfüllung als Frau und Mutter zu finden.

Neun Kinder bekommen Joseph und Rose Kennedy, vier Jungen und fünf Mädchen. Der erste Sohn wird nach seinem Vater Joseph genannt, der zweite nach Roses Vater John Fitzgerald. Er wird am 29. Mai 1917 geboren.

Sechs Wochen zuvor haben die USA unter Präsident Woodrow Wilson Deutschland den Krieg erklärt und sind damit in die Weltpolitik eingetreten. Wilsons Losung lautet: «Die Welt für die Demokratie sicher machen.» Wenige Monate später wird die russische Revolution zum Fanal einer ganz anderen Weltrevolution. So beginnt das Ringen zwischen kapitalistischer Demokratie und kommunistischer Diktatur um die Vorherrschaft in der Welt, die unter der Präsidentschaft John F. Kennedys beinahe zum Weltkrieg eskaliert.

Der Zweitgeborene

Rose Kennedy vermittelt ihrer Familie die Werte, die ihr im Kloster eingeimpft worden sind. *Sie war furchtbar religiös*, sagt John F. Kennedy später von seiner Mutter. *Sie war ein wenig distanziert, ja ist es noch, und ich denke, nur so kannst du überleben, wenn du neun Kinder hast. Ich hielt sie für eine vorbildliche Mutter einer großen Familie.*[9] Man beachte die Vergangenheitsform: *hielt.* Als Ehemann erklärt Kennedy einem Journalisten, er strebe keine große Familie an, da sie für die Kinder *Leben wie in einer Anstalt* bedeute, ja wie *in einem Gefängnistrakt.*[10] Der jüngste Sohn Edward erinnert sich, dass Prügel, auch mit dem Kleiderbügel, ebenso zum «Arsenal» der Mutter gehörte wie «die Verbannung in den Schrank».[11]

Das Leben in dieser *Anstalt* organisiert Rose mit Hilfe von Kindermädchen, Köchinnen und Turnlehrern. Sie sorgt aber persönlich dafür, dass die Kinder pünktlich zum Essen kommen und ihre Tischgebete aufsagen, setzt Themen fest, über die bei den Mahlzeiten zu diskutieren ist, geht mit ihnen in die Kirche und kümmert sich um ihre religiöse Erziehung. (Am 30. März 1923 vermerkt Rose in ihrem Tagebuch: «Jack war es heute nicht so wichtig, um einen glücklichen Tod zu beten, sondern meinte, er wolle sich *lieber zwei Hunde* wünschen.»[12])

Gegenüber einem Freund klagt Jack als Erwachsener: *Sie war nie da, wenn wir sie wirklich brauchten. Meine Mutter hat mich nie umarmt, nie gedrückt.*[13] Jacqueline Kennedy sagt schlicht: «Seine Mutter hat ihn nie wirklich geliebt.»[14]

Der Geist der Familie wird von Joe Kennedy geprägt, dem «Architekten unseres Lebens», wie Rose ihn nennt.[15] Jacqueline wird ihn später als die «Tigermutter» bezeichnen.[16] Seinen Ehrgeiz impft der Vater den Kindern ein: «Wir wollen keine Verlierer unter uns haben. In dieser Familie wollen wir nur Gewinner. Zweiter oder Dritter werden zählt nicht: Ihr müsst siegen!»[17] – «In diesem Haus wird nicht geweint!»[18] – «Ein Kennedy klagt nie.»[19] *Ich wuchs in einem sehr strengen Haushalt auf, wo es nichts umsonst gab und wo von jedem erwartet wurde, dass er sein Bestes gab. Es gab einen ständigen Druck auf jeden, sich zu verbessern.*[20]

Joseph Kennedy ist allerdings selten zu Hause. Bank- und Börsengeschäfte halten ihn wochenlang in New York fest. Die Jahre 1927 bis 1929 verbringt er zum großen Teil in Hollywood, wo er die Filmgesellschaft RKO gründet und eine Affäre mit der Stummfilmdiva Gloria Swanson hat, die Rose ebenso wenig zur Kenntnis nimmt wie die vielen anderen sexuellen Abenteuer ihres Mannes. Joe ist ein «compulsive womanizer» und gibt auch diese Seite seines Charakters mit der dazugehörigen Doppelmoral an seine älteren Söhne weiter. (Der viel jüngere Robert Kennedy hingegen übernimmt die tiefe Religiosität und den Familiensinn der Mutter, zusammen mit ihrem Hang zum Moralisieren.)

In Abwesenheit des Vaters muss Joe Junior als dessen Stellvertreter gegenüber den jüngeren Geschwistern auftreten. *Joe machte viele Sachen sehr gut,* schreibt Jack nach dessen Tod in einem Erinnerungsband, *aber ich habe immer gemeint, dass Joe seinen größten Erfolg als ältester Bruder erzielte. Sehr früh im Leben begann er sich für seine Brüder und Schwestern verantwortlich zu fühlen. […] Mir gegenüber, der ich fast gleichaltrig war, bestand diese Verantwortung darin, in allem einen durchweg hohen Maßstab zu setzen. […] Sollte eines der Kennedy-Kinder es jetzt oder in Zukunft je zu etwas bringen, so wird das, glaube ich, mehr als irgendeinem anderen Faktor Joes Verhalten und seinem steten Vorbild zu verdanken sein.* [21]

Die Wirklichkeit sieht anders aus. Wegen der kleinsten Vergehen wird Jack vom Bruder erbarmungslos verprügelt; und der ältere, stärkere Junge fordert den jüngeren, schwächeren immer wieder zu Wettkämpfen auf, die er nie gewinnen kann. Einmal rasen sie auf ihren Fahrrädern in entgegengesetzte Richtungen um das Haus; da keiner ausweichen will, kommt es zum Zusammenstoß; Jack wird blutüberströmt ins Krankenhaus eingeliefert. Als sein erster Biograph ihn nach Kindheitsproblemen fragt, fällt dem Präsidentschaftskandidaten zunächst nichts ein. Dann sagt er: *Joe. Er hatte eine kampflustige Persönlichkeit. Später legte sich das, aber es war ein Problem, als ich ein kleiner Junge war.* [22] Mit Schadenfreude erlebt Jack, wie ältere Schüler einmal den Bruder verprügeln: *Die Primaner haben ihn vielleicht versohlt. O Mann, der hatte überall Blasen, die haben ihn fast zu Tode geprügelt. Ich hätte was drum gegeben, Primaner zu sein.* [23]

Kaum weniger problematisch ist das *stete Vorbild* des Bruders, dem Jack mit dreizehn zunächst auf ein katholisches, ein Jahr später auf das protestantische Internat Choate folgt. (Getreu der Familientradition der Fitzgeralds und der Kennedys werden die Mädchen weiterhin auf katholische Schulen geschickt.) Joe ist ihm nicht nur akademisch überlegen, sondern – im amerikanischen Schulsystem ohnehin und für einen Kennedy allemal besonders wichtig – auch beim Sport. Ganz im Gegensatz zum Image des jugendlich gesunden, sportlich robusten Mannes, das Kennedy als Politiker kultiviert, ist Jack nämlich von frühester Kindheit an schwächlich, leidet nicht nur an den üblichen Kinderkrankheiten, sondern unter Allergien, Asthma, Schwächeanfällen und einem chronischen, möglicherweise psychisch bedingten Reizdarmsyndrom, das ihn – ermattet, abgemagert und entmutigt – oft wochenlang ans Bett fesselt.

Diese Krankheit ist verständlicherweise dem Teenager peinlich: *Was soll ich sagen, wenn mich jemand fragt, was ich habe?*, schreibt er aus einer Klinik seinem engsten Schulfreund LeMoyne («Lem») Billings.[24]

In der Erfolgsphilosophie der Kennedys ist für Schwäche kein Platz. Vor allem darf sie nicht gezeigt werden. «Denk daran», sagt der Vater oft, «es kommt nicht darauf an, was du bist, sondern wofür dich die Leute halten.» [25] Image ist alles. So leugnet die Familie jahrelang, dass Jacks ein Jahr jüngere Schwester Rosemary geistig behindert ist. Sie sei eben etwas schüchtern und langsam, heißt es. Als Rosemary verhaltensauffällig wird, lässt der Vater 1941 eine partielle Lobotomie vornehmen. Diese Operation, bei der die Nervenbahnen zwischen Thalamus und Frontallappen durchtrennt werden, wird heute kaum noch durchgeführt. Abgesehen davon, dass sie in zwei bis sechs Prozent der Fälle tödlich verläuft, ist der Erfolg unsicher, während es in jedem Fall zu schweren Persönlichkeitsstörungen kommt, insbesondere zu einem

John F. Kennedy (links) und sein Bruder Joseph, 1921. John zeigt mit dem rechten Finger auf die linke Hand, die offensichtlich vom älteren Bruder gequetscht wird.

Antriebsverlust. So ist es auch bei Rosemary. Sie wird in die Obhut der Nonnen von St. Coletta in Wisconsin gegeben. Der Öffentlichkeit aber wird weisgemacht, Rosemary habe sich zurückgezogen, um sich der Pflege geistig behinderter Kinder zu widmen. So wird noch aus ihrer Tragödie politisches Kapital für die Familie geschlagen.

Diesen zwanghaften Wunsch, das Image der Familie auch um den Preis des Selbstbetrugs zu kontrollieren, hat Jack internalisiert. Als er von einem Mitschüler wegen seiner sorgfältig gepflegten Sonnenbräune aufgezogen wird, sagt er: *Es ist nicht nur so, dass ich so aussehen will, sondern ich will mich auch so fühlen. Das gibt mir Selbstvertrauen […]. So fühle ich mich stark, gesund, attraktiv.*[26] Unterdessen schickt ihn der Vater von Klinik zu Klinik, um die Ursachen für seine Gesundheitsprobleme zu finden. An Billings schreibt Jack einmal, sein Rektum sei *ziemlich rot nach dem Krankenhaus. Deins wäre auch rot, wenn man Dir alles Mögliche dort reingesteckt hätte, vom Gummischlauch bis zum Eisenrohr. Wenn ich scheiße, fühle ich nichts, so weit ist es geworden.*[27] Zwischendurch glauben die Ärzte, eine Leukämie diagnostiziert zu haben. *Anscheinend bin ich noch kranker, als ich dachte,* heißt es in einem anderen Brief an Billings, *also arbeite ich schon mal an einem humpelnden Gang und einem hohlen Husten.*[28] Der Freund solle eines Tages seine Biographie schreiben und ihr den Titel geben: *John F. Kennedy – eine Krankengeschichte.*[29]

Tatsächlich ist Kennedy sehr krank. Erst 1947 wird die Ursache diagnostiziert. Es handelt sich um die Addison-Krankheit, eine lebensgefährliche Unterfunktion der Nebennierenrinde, die durch Stress ausgelöst wird und sich in Schwäche und rascher Ermüdbarkeit, Gewichtsabnahme, Magen-Darm-Infektionen, gelblicher Pigmentierung der Haut, Abnahme der Immunabwehr, der Libido und der Potenz äußern kann. Wird die Krankheit nicht richtig behandelt, kann es zur Krise kommen: Schweißausbrüche, Schwindel, Erbrechen, Kollaps.

Bei Kennedy kommt hinzu, dass ihm die Ärzte zur Bekämpfung seiner Darmsymptome ab 1937 die neu entdeckten Steroide verschreiben. Diese können nicht nur die Addison-Krankheit verschärft und durch hormonale Veränderungen seine Sexsucht verstärkt haben. Zu den Nebenwirkungen gehört auch die Osteoporose, der Knochenschwund, der zu Wirbelkörpereinbrüchen führen kann.

Schon an der Universität leidet Kennedy wegen seiner geschwächten Wirbelsäule an extremen Rückenschmerzen, die ihn trotz mehrerer lebensgefährlicher Operationen ein Leben lang plagen und in die Medikamentenabhängigkeit treiben. Trotzdem – «Wir wollen keine Verlierer unter uns haben!» – spielt er mit vollem Einsatz Football, wird ein guter Schwimmer und Segler. Als der Zweite Weltkrieg kommt, wird er sich, obwohl untauglich, zum aktiven Einsatz melden. Und als Politiker benutzt er immer wieder in seinen Reden das Wort *vigor*, was Lebens- oder Manneskraft bedeutet. Diese verbissene Entschlossenheit, sich nicht der Krankheit zu ergeben, ist – auch wenn sie fast pathologische Züge hat – ebenso bewundernswert wie die selbstironische Distanz, mit der er bereits als Jugendlicher seine körperlichen Gebrechen betrachtet. Der Kampf gegen die eigene Schwäche gibt dem äußerlich so umgänglichen Mann die von seinen politischen Rivalen später oft unterschätzte Härte, die er braucht, um das Ziel der Familie zu erreichen: das Weiße Haus.

Gegenüber der Öffentlichkeit werden aber Ursache und Schwere der Krankheit geleugnet. Als seine Rückenprobleme in den 1950er Jahren so schlimm werden, dass der aufstrebende Politiker zeitweise auf Krücken gehen muss, behauptet die Familie, sie seien Ergebnis einer Verletzung beim Football und seines Kriegseinsatzes. So wird, wie bei Rosemary, aus einem Leiden ein Imagevorteil gemacht.

Weil er als Kind und Jugendlicher so oft ans Bett gefesselt ist, wird Jack ein passionierter Leser. «Die Geschichte machte aus ihm diesen einsamen, kranken Jungen», sagt Jacqueline kurz nach seiner Ermordung. «Die Geschichte machte Jack zu diesem kleinen Jungen, der über Geschichte las.»[30] Besonders gern liest er geschichtliche Abenteuerromane und die Biographien bedeutender Männer. An den Vater schreibt der Dreizehnjährige: *Wir lesen «Ivanhoe» in Englisch, und obwohl ich mir materielle Sachen wie Fahrkarten, Handschuhe und so weiter nicht merken kann, kann ich mir Sachen wie Ivanhoe gut merken, und bei der letzten Arbeit darüber bekam ich 98 Prozent.*[31]

Trotz seiner Lesewut bleiben Jacks akademische Leistungen immer hinter denen des älteren Bruders zurück. *Sie müssen wissen, ich bin keine Leuchte wie mein Bruder Joe*, erzählt er seinem Professor in Harvard.[32] Als er die Eliteschule

Choate verlässt, hat Jack Platz 64 von 112 Schülern erreicht. Dennoch wählen ihn seine Klassenkameraden zum «Schüler, der es wahrscheinlich am weitesten bringen wird».

Für den Direktor George St. John hingegen gehört Jack zu den antiautoritären Rebellen, die der Protestant «Muckers» nennt. Das ist durchaus rassistisch gemeint. So wurden nämlich die irischen Hilfsarbeiter genannt, die Pferdedreck («muck») von der Straße schaufelten. Prompt gründet Jack einen «Muckers Club» zum Aushecken von Streichen, dessen Vorsitzender er wird. Als die Sache auffliegt, entgeht Jack nur knapp der Relegation. «Ich kann mich entweder um die Leitung der Schule kümmern oder um Jack Kennedy und seine Freunde», seufzt St. John.[33]

Nach der Schule will Jack wie vor ihm Joe an der London School of Economics bei Harold Laski studieren, einem Freund des Präsidenten Franklin D. Roosevelt. Die Wahl des jüdischen Marxisten Laski als Mentor der Söhne eines irisch-katholischen Millionärs erscheint merkwürdig. Aber der Vater ist überzeugt, dass die Zeit des ungezügelten Kapitalismus, von dem er selbst profitiert hat, abgelaufen ist, und dass die Zukunft irgendeiner Form gelenkter Wirtschaft gehört, sei es Sozialismus oder Faschismus. Das Studium bei Laski muss Jack aber wegen Krankheit abbrechen, ebenso wie sein Studium an der Elite-Universität Princeton, wo er sich – gegen die Familientradition und den Willen des Vaters – einschreibt, um aus dem Schatten des Bruders herauszutreten, der bereits in Harvard brilliert. Schließlich beugt sich Jack doch dem Drängen des Vaters und schreibt sich 1936 in Harvard ein. Er belegt Englisch, Französisch, Geschichte und Volkswirtschaft und wird in allen Fächern – außer Volkswirtschaft, wo er gute Noten erzielt – mit «C» (befriedigend) benotet. Verbissen und vergeblich trainiert er für die Schwimm- und Football-Mannschaften.

Harvard ist damals ein Zentrum politischer Aktivität. Roosevelts «New Deal» und der konservative Widerstand dagegen, Stalins kommunistische Diktatur in der Sowjet-

Der «Muckers Club» an der Choate School, 1934/35.
Rechts: John F. Kennedy, Zweiter von links: LeMoyne Billings

union und der Sieg des Faschismus in Italien und Deutschland, der Spanische Bürgerkrieg und die Gefahr eines neuen Weltkriegs haben die Studenten radikalisiert und polarisiert. Im Gegensatz zu Joe Junior aber, der sich als Sprecher der Isolationisten profiliert, die Amerika aus einem kommenden europäischen Krieg heraushalten wollen, nimmt Jack an den Auseinandersetzungen keinen Anteil. Erst nach einer Europa-Reise mit Lem Billings im Sommer 1937, die sie durch Frankreich, Italien und auch Deutschland führt, beginnt er sich für die Politik zu interessieren.

Freilich findet sich in seinem Reisetagebuch während der Zeit in Deutschland kein Wort über die antisemitische Hetze, die Unterdrückung politischer Gegner und die Kriegsvorbereitungen der Nationalsozialisten. Die Schönheit deutscher Städte beweist dem Zwanzigjährigen vielmehr, dass *die nordischen Rassen den lateinischen überlegen* seien. Die Deutschen seien einfach *zu gut*, deshalb würden sich in Europa *die Leute gegen sie zusammenrotten.*[34]

Wie diese Bemerkungen zeigen, sind die Einwanderer einerseits Opfer des Rassismus, andererseits tragen sie ihn weiter. Wie Kennedy 1957 in einer Rede vor dem American Jewish Committee (AJC) sagt: *Jede Welle lehnte die nächste ab, misstraute ihr. Die Engländer sagten von den Iren, sie «hielten am Sabbat fest wie an allem, was ihnen unter die Finger kam». Engländer und Iren misstrauten den Deutschen, die «zu hart arbeiteten». Engländer, Iren und Deutsche lehnten die Italiener ab; und die Italiener waren mit ihren Vorgängern in der Abwertung der Slawen einig.*[35] Und alle sind antisemitisch.

Der künftige Präsident bekennt sich zu Einwanderung und Multikulturalismus: *Ich bin fest davon überzeugt, dass unser religiöser und kultureller Pluralismus über die Jahre eine der Hauptquellen unserer Kraft gewesen ist.*[36] Freilich ist sein Vater noch von den Ressentiments eines katholischen Aufsteigers geprägt. Joes Antisemitismus etwa ist aktenkundig. So berichtet im Sommer 1938 Hitlers Botschafter in Großbritannien, Herbert von Dirksen, über seine Gespräche mit seinem amerikanischen Kollegen Joseph Kennedy nach Berlin: «Es sei nicht so sehr die Tatsache, dass wir die Juden loswerden wollten, als vielmehr der Lärm, der diese Zielsetzung begleite, der uns schade. Er selbst verstehe unsere Judenpolitik vollkommen; er stamme aus Boston, und dort sei in einem Golfclub und auch in anderen Clubs seit fünfzig Jahren kein Jude aufgenommen worden.»[37]

Der Hinweis auf den Golfclub wirkt dabei besonders ironisch, da der exklusive Golfclub in Cohasset bei Boston sich tatsächlich weigert, den Iren Joseph Kennedy aufzunehmen. Schon auf der Universität Harvard wird er wie seine jüdischen Kommilitonen von den vornehmsten Studentenclubs, wo die wichtigsten sozialen Netzwerke geknüpft werden, übergangen. Die Diskriminierung durch die Bostoner Elite bringt ihn sogar dazu, die Stadt zu verlassen und abwechselnd in Manhattan, Hollywood, Palm Beach und Hyannis

Port zu leben. Joseph Kennedys dynastischer Ehrgeiz ist nicht zuletzt Ergebnis der Erfahrung, dass er in den Augen des Establishments als Ire und Katholik nie zu Amerika gehören wird. Noch im 21. Jahrhundert wird der Harvard-Gelehrte Samuel P. Huntington, der den Begriff «Kampf der Kulturen» geprägt hat, in seinem Buch «Who We Are» von katholischen Einwanderern – er meint die Hispanics aus Lateinamerika – totale Assimilation an die «anglo-protestantische Gesellschaft» als Gegenleistung für die Verleihung des Bürgerrechts verlangen. Aber selbst ein vollkommen assimilierter und erfolgreicher Mann wie Joseph Kennedy spürt die Ablehnung der Alteingesessenen. «Ich wurde hier geboren. Meine Kinder wurden hier geboren. Was zum Teufel muss ich noch tun, um Amerikaner zu werden?»[38]

Mit Erreichen seines 21. Geburtstags erbt Jack wie alle Kennedy-Kinder einen Treuhandfonds vom Vater, der einer der reichsten Männer Amerikas geworden ist. Als Bankier, Börsenmakler und Finanzberater hat Joseph Kennedy Anteil an den Geschicken von Firmen, die das Lebensgefühl der Amerikaner im 20. Jahrhundert mitprägen: dazu gehören Coca-Cola, das Hearst-Zeitungsimperium, Hertz-Mietwagen, die Howard-Johnson-Fast-Food-Kette und die RKO, der wir Filmklassiker wie «King Kong» und «Citizen Kane» verdanken. Sein Insiderwissen als Anlageberater benutzt Joe Kennedy, um Riesengewinne an der New Yorker Börse zu machen – und rechtzeitig vor dem Krach von 1929 auszusteigen.

Der Patriarch sagt zwar oft, er habe seinen Kindern mit der finanziellen Unabhängigkeit die Möglichkeit geben wollen, ihm «ins Gesicht zu spucken»; das versucht freilich keines der Kennedy-Kinder. Jack macht niemals Anstalten, auch nur seine eigenen Finanzen zu verwalten. Bis zu seinem Tod lässt er all seine Geschäfte über das New Yorker Büro seines Vaters abwickeln. Er hätte ein bequemes Leben als Playboy, Kunstmäzen oder Börsenspekulant führen und das mit seinen Gesundheitsproblemen rechtfertigen können. Doch wird ihm trotz der schulischen Kapriolen das Leistungsethos des Vaters zur zweiten Natur: *Das Glück*, wie er es in Anlehnung an eine klassische griechische Definition formuliert, *ist der volle Gebrauch deiner Kräfte im Streben nach überragenden Leistungen, in einem Leben, das diesen Kräften Raum bietet.*[39] Die Position, die Joseph Kennedy Ende der dreißiger Jahre errungen hat, ist ja auch eine, die diesen Kräften Raum bieten kann. Unter Präsident Roosevelt ist er zu einer der wichtigsten Gestalten in der Demokratischen Partei aufgestiegen. Manche sehen in ihm sogar Roosevelts Nachfolger.

«Warum Papa schlief»

Als Multimillionär gehört Joe Kennedy nicht zu den natürlichen Verbündeten des Reformers Roosevelt, der versprochen hat, «die Kräfte der Selbstsucht und der Machtgier» zu bändigen und den «Royalisten unserer Wirtschaftsordnung [...] ihre Macht zu nehmen.»[40] Der Börsenkrach und die sich anschließende Große Depression haben Joe jedoch tief erschüttert. Sein Lebensziel hat er darin gesehen, die Sicherheit und Freiheit zu erringen, die nur der Reichtum bringt. Seit dem «Schwarzen Freitag» 1929 scheint es, als hätte er auf Sand gebaut. Im WASP-Aristokraten Franklin Delano Roosevelt erkennt er den Mann, der den Kapitalismus notfalls gegen den Willen der Kapitalisten retten kann, und unterstützt 1932 energisch dessen Präsidentschaftskandidatur.

Nach dem Wahlsieg ernennt Roosevelt den früheren Börsenspekulanten zum Chef der Börsenaufsichtsbehörde. Kennedys «Securities and Exchange Commission» wird zum effektivsten Instrument des «New Deal». Für Roosevelts Wiederwahlkampagne 1936 schreibt Joseph Kennedy sogar ein Buch, «I'm for Roosevelt» – genauer: lässt es von Arthur Krock schreiben, einem Kolumnisten der «New York Times». Krock ist zwar Jude, aber Kennedys Antisemitismus geht nie so weit, solche für ihn vorteilhafte Zusammenarbeit abzulehnen. Im Dezember 1937 wird Joe Kennedy von Präsident Roosevelt als Dank für seine Unterstützung zum Botschafter in Großbritannien ernannt. 1939 lässt sich Jack von der

Joseph P. Kennedy wird am 18. Februar 1938 als Botschafter der USA in Großbritannien von Stanley F. Reed im Beisein von Präsident Franklin D. Roosevelt vereidigt.

Universität beurlauben, um seinem Vater in der Londoner Botschaft zur Hand zu gehen.

Joe und Rose genießen die Vorstellung bei Hofe, die Einladung zu einem Wochenende auf Schloss Windsor, den Umgang mit der vornehmen «Cliveden-Clique» um Lady Astor. In Boston sind sie von den «wirklich netten Leuten», wie Rose sie nennt, geschnitten worden; in London werden sie von den Spitzen der Gesellschaft mit offenen Armen empfangen. Diese irischen Aufsteiger und Abgesandten der ersten modernen Demokratie der Welt sehen ausgerechnet in der englischen Aristokratie ein Vorbild. «Es scheint mir», schreibt Rose 1941 in ihr Tagebuch, «dass die Idee einer Familie, die Generation auf Generation in der Regierung dient, wie es auch bei so vielen englischen Familien der Fall ist, eine Vorstellung ist, über die wir nachdenken und die wir in unserem Land fördern sollten.» [41]

Die britische Aristokratie freilich, die im Ersten Weltkrieg überproportionale Verluste erlitten hat, ist besonders anfällig für jene pazifistische Strömung, deren intellektuelles Zentrum die «Cliveden-Clique» bildet und deren politischer Ausdruck die «Beschwichtigungspolitik» gegenüber Hitler ist: *Manche, weil sie starke «rechte» Sympathien mit Deutschland hatten, manche, weil sie erkannten, dass ein Krieg das Ende ihrer besonderen Stellung bedeuten, und manche, weil sie eine sehr klare Vorstellung davon hatten, was er für England insgesamt bedeuten würde,* wie der junge John F. Kennedy, der sich in diesen Kreisen mit jener selbstverständlichen Grazie bewegt, die nur angeborener Reichtum vermittelt, in seinem ersten Buch schreiben wird.[42]

Botschafter Kennedy sympathisiert mit den Leuten, die ein Arrangement mit Nazideutschland suchen. Als Kapita-

Die Kennedys in London, 1939. V. l.: Eunice, John, Rosemary, Jean, Joseph sr., Edward, Rose, Joseph jr., Patricia, Robert und Kathleen

list unterschreibt er die antikommunistische Rhetorik Hitlers und Mussolinis. Als Antisemit befürwortet er die Umsiedlung der deutschen Juden nach Afrika und Südamerika, wie es das deutsche Außenministerium plant. Als Ire hat er bei aller Bewunderung für die britische Aristokratie wenig Sympathie für das Empire. Als Katholik empfindet er die von einer faschistischen Bürgerkriegsarmee unter General Franco bedrängte republikanische Regierung in Spanien als «einen Haufen Atheisten und Kommunisten»[43]. Während auch aus Amerika Antifaschisten wie etwa der Schriftsteller Ernest Hemingway nach Spanien fahren, um die demokratische Republik zu verteidigen, erlebt Joe Junior den Fall Madrids an der Seite der Faschisten.

Vor allem aber fürchtet Joseph Kennedy, dass ein Krieg

den Kapitalismus, sein Vermögen und seine Familie zerstören wird: «Ich möchte Sie alle fragen, ob Sie irgendeinen Disput, irgendeine Kontroverse in der Welt heute kennen, die das Leben Ihres Sohnes, die das Leben irgendeines Sohnes wert ist?» So steht es im Entwurf einer Rede des Botschafters wenige Wochen vor dem Münchener Abkommen, mit dem der britische Premier Neville Chamberlain und Frankreichs Ministerpräsident Édouard Daladier am 30. September 1938 die Tschechoslowakei zur Abtretung des Sudetenlandes an Nazideutschland nötigen, um den Frieden zu retten. Als Kennedys Redeentwurf Präsident Roosevelt vorgelegt wird, streicht er die Passage.[44] Denn der Präsident sieht deutlich, dass Amerika früher oder später Hitler entgegentreten muss, und will die Öffentlichkeit darauf vorbereiten.

Drei Wochen nach dem Münchener Abkommen aber tritt der Botschafter ausgerechnet in einer Rede zum «Trafalgar Day», bei dem in Großbritannien der Sieg gegen Napoleon gefeiert wird, gegen den «Teufelskreis der Aufrüstung» und für die «Wiederherstellung guter Beziehungen» zwischen den Demokratien und den faschistischen Diktaturen ein.[45] Jack versichert ihm in einem Brief aus Harvard, die Rede sei zwar *natürlich unpopulär bei den Juden usw.*, doch sei sie *von allen, die nicht erbittert antifaschistisch sind, für sehr gut befunden worden,*[46] was sicherlich stimmt; fortan aber sind Roosevelt und Joe Kennedy politische Gegner.

Im Sommer 1939 unternimmt Jack eine Informationsreise, die ihn durch Frankreich, Deutschland, Polen, die baltischen Staaten, die Sowjetunion, die Türkei und Palästina führt. Am 1. September fallen deutsche Truppen in Polen ein. Joe Junior, Kathleen und Jack sind am 3. September auf der Zuschauertribüne, als Chamberlain dem Unterhaus erklärt, dass seine «Appeasement»-Politik gescheitert ist und dass sich Großbritannien im Kriegszustand mit Deutschland befindet. Der Zweite Weltkrieg hat begonnen.

Noch sind die USA jedoch neutral. Jack fährt nach Harvard zurück und verwertet seine Londoner Erfahrungen in einer Abschlussarbeit: *Appeasement in München: Das zwangsläufige Ergebnis der Langsamkeit der britischen Demokratie bei der Abkehr von einer Politik der Abrüstung.* Der dienstbeflissene Arthur Krock hilft ihm, aus der mit der zweithöchsten Note bewerteten Arbeit ein Buch zu machen; der Pressezar Henry Luce – ein Freund Joe Kennedys – schreibt das Vorwort. *Why England Slept* (*Warum England schlief*) erscheint im Juli 1940 und wird ein Bestseller. Inzwischen ist Frankreich gefallen, und in der amerikanischen Öffentlichkeit wächst die Bereitschaft, sich auf einen Krieg vorzubereiten. Diese Stimmung bedient das Buch: *München sollte uns eins lehren: Man wird unseren Bluff durchschauen. Wir können niemandem sagen, er solle sich aus unserer Hemisphäre heraushalten, wenn die Waffen und die Menschen hinter diesen Waffen nicht bereitstehen, diesem Befehl Nachdruck zu verleihen, bis hin zum letzten Schritt – zum Krieg. Es darf keinen Zweifel geben, die Entscheidung muss automatisch sein: Wenn wir debattieren, wenn wir zögern, wenn wir fragen, wird es zu spät sein.*[47]

Dabei befindet sich der Autor in einem Dilemma. Sein Vater hat die Beschwichtigungspolitik lautstark unterstützt und ist 1940 immer noch Wortführer derjenigen, die sich mit Hitler arrangieren wollen. Wie kann er sich vom Vater distanzieren, ohne ihn zu desavouieren? Den Vater rechtfertigen, ohne einer Politik das Wort zu reden, die bereits gescheitert ist? *Dieses Buch ist keine Apologie*, schreibt Kennedy,[48] doch fällt es schwer, es anders zu lesen. In Journalistenkreisen zirkuliert der Witz, der Junge hätte lieber ein Buch darüber schreiben sollen, «Warum Papa schlief».

Die Lösung besteht darin, die Appeasement-Politik als alternativlos hinzustellen: *Ich meine, […] dass Chamberlain selbst dann nicht hätte kämpfen können, wenn er es gewollt hätte. […] München war unausweichlich, schon allein wegen des Mangels an Rüstung.*[49] Es sei nicht so, *dass ein klappriger alter Mann völlig «düpiert» wurde. Die Appeasement-Politik war in einem gewissen Sinne realistisch: Sie war das unvermeidliche Ergebnis von Bedingungen, die keine andere Entscheidung zuließen.*[50]

Warum aber war England 1938 in dieser Lage? Hatte nicht Winston Churchill vor Hitler gewarnt? Hatten ihn nicht die «Cliveden-Clique» und die liberale Öffentlichkeit deshalb als Kriegstreiber kritisiert? Lag hier nicht doch ein Versagen der Politiker vor? Kennedy windet sich: *Bei dieser Diskussion geht es nicht um die Frage pro oder contra […] Chamberlain. Ich halte es für einen der großen Mängel der Demokratie, dass sie stets versucht, Sündenböcke für ihre eigene Schwäche zu finden.*[51]

Diese *allgemeine Schwäche der Demokratie und des Kapitalismus*[52] macht Kennedy nun für die Appeasement-Politik verantwortlich: *Ich sage also, dass die Schwächen der Demokratie in der Auseinandersetzung mit einem totalitären System groß sind.* Auf lange Sicht sei die Demokratie überlegen, weil sie *den Menschen als vernünftiges Wesen achtet.* Aber: *Wenn sie mit einem System konkurriert, dem die lange Sicht gleichgültig ist, einem System, das hauptsächlich für den Krieg konstruiert ist, ist die Demokratie, die in erster Linie für den Frieden konstruiert ist, im Nachteil. Und die Demokratie muss ihre Schwächen erkennen und ihre Institutionen sichern, wenn sie überleben will.*

Zu den spezifischen *Schwächen* Großbritanniens zählt Kennedy neben dem allgemeinen Pazifismus die Kriegsunwilligkeit der Aristokratie und der Kapitalisten sowie der Gewerkschaften, kurz die *Gruppeninteressen*, und das angebliche Fehlen einer *Rüstungslobby, wie es eine Lobby für Farmpreise oder Sozialhilfe gibt.*[53]

Auf diese Analyse folgt die beunruhigende Schlussfolgerung, dass eine Gesellschaft *vorübergehend auf ihre demokratischen Privilegien verzichten* müsste, *wenn sie mit einer Diktatur mithalten wollte. […] Das hieße freiwilliger Totalitarismus, denn schließlich besteht das Wesen des totalitären Staates darin, nicht zuzulassen, dass Gruppeninteressen der nationalen Zielsetzung zuwiderlaufen.*[54]

Im Kalten Krieg wird die Versuchung eines «freiwilligen Totalitarismus» nicht nur Kennedys Denken beeinflussen. In der Auseinandersetzung zwischen Demokratie und Kom-

Der Autor mit seinem Buch «Why England Slept»

munismus wird oft jeder Widerspruch, jeder Protest, jede Opposition als Schwächung der «Freien Welt», ja als Unterstützung ihrer Feinde gesehen; wird die Intoleranz zur Freiheitsliebe verklärt. Dies führt zur Revolte der Jugend, der Schwarzen, der Frauen und sexuellen Minderheiten, die unter Kennedy beginnt, aber erst nach seiner Ermordung in die Kulturrevolution der 1960er Jahre mündet – die paradoxerweise die Demokratie nicht schwächt, sondern im Gegenteil die Überlegenheit der offenen Gesellschaft begründet.

Als *Warum England schlief* erscheint, bereitet sich die Demokratische Partei auf die Nominierung ihres Präsidentschaftskandidaten vor. Botschafter Kennedy ist der heimliche Favorit der Isolationisten; Joe Junior führt auf dem Nominierungsparteitag den Widerstand gegen die Wiederaufstellung Roosevelts mit an. Roosevelt wird aber nominiert und am 5. November 1940 als erster (und letzter) Präsident für eine dritte Amtszeit gewählt.

Am Tag nach der Wahl reicht Joseph Kennedy seinen Rücktritt als Botschafter ein. Kurz danach gibt er ein Interview, mit dem er politischen Selbstmord begeht. «Ich bin bereit, alles, was ich habe, auszugeben, um uns aus dem Krieg herauszuhalten», erzählt er einem Journalisten der «Boston Sunday Globe» und kündigt eine entsprechende – gegen den Kurs des Präsidenten gerichtete – Kampagne zusammen mit dem Pressezar William Randolph Hearst an. «Man nennt mich einen Pessimisten. Ich sage: Worüber soll man sich freuen? Die Demokratie ist in England erledigt. Hier vielleicht auch bald.» Das Interview garniert er mit einem antisemitischen Angriff auf die First Lady Eleanor Roosevelt, die ihm ständig in den Ohren gelegen habe, «irgendeine kleine Susie Glotz zum Tee in die Botschaft einzuladen», und mit der Vorhersage, ein Kriegseintritt der USA würde die Machtübernahme der Bürokratie bedeuten und «das Ende von allem, was uns lieb und teuer ist».[55]

«Kennedys Sohn ist Held im Südpazifik»

Ironischerweise zwingt der Ruf Joseph Kennedys als Beschwichtiger seine Söhne, sich in dem Krieg zu exponieren, den der Vater um jeden Preis von ihnen fernhalten wollte. Die Appeasement-Politik gilt inzwischen als schlichte Feigheit vor dem Feind. Wer sich jetzt drückt, so viel ist klar, wird nach dem Krieg keine politische Zukunft haben. Noch vor dem japanischen Angriff auf Pearl Harbor, der die USA am 7. Dezember 1941 in den Weltkrieg zieht, melden sich Joe Junior und Jack zu den Streitkräften. Joe wird Marineflieger. Jack ist wegen seiner Rückenprobleme untauglich. Der Vater kann jedoch ein paar Strippen ziehen und ihm einen Schreibtischjob beim Nachrichtendienst der Marine in Washington besorgen, wo er ungefährdet den Krieg aussitzen kann.

Es kommt anders. In Washington lernt Jack die vier Jahre ältere Inga Arvad kennen. Sie ist die erste Liebe seines Lebens. *Inga-Binga* ist eine dänische Journalistin, Filmerin und Lebenskünstlerin. Sie ist nicht nur schön und sexuell erfahren, sondern auch gebildet und kultiviert, anders als die meisten Mädchen, mit denen der Millionärssohn zu tun gehabt hat, seit die Mitglieder des «Muckers Club» standesgemäß mit dem Besuch eines Harlemer Bordells ihre Unschuld verloren haben. Sie ist aber auch eine gefährliche Liebschaft. 1935 hat sie in Berlin Göring, Goebbels und auch Hitler kennengelernt, der sie als «vollkommenes Beispiel nordischer Schönheit» einlädt, über die Olympischen Spiele 1936 zu berichten. Arvad wiederum schreibt, Hitler sei «nicht böse, wie es Deutschlands Feinde darstellen», sondern «zweifellos ein Idealist».[56]

Das hätte genügt, die Bundespolizei FBI auf Arvad aufmerksam zu machen, die inzwischen als Klatschkolumnistin für die «Time-Herald» in Washington Zugang zu vielen Politikern und Beamten hat. Hinzu kommt, dass ihr Mann verdächtigt wird, in Mexiko das Auftanken deutscher U-Boote zu organisieren. Ingas Telefon wird vom FBI abgehört, ihre Beziehung zu einem Mitarbeiter des Marine-Nachrichtendienstes wird aktenkundig: John F. Kennedy gilt nun als Sicherheitsrisiko.

Der junge Offizier wird schleunigst versetzt: zunächst als Berater für den Zivilschutz nach South Carolina, dann, wieder mit Hilfe des Vaters, zur Ausbildung für den aktiven Dienst als Kommandeur eines Torpedobootes. Jack habe «den Schreibtischjob und die ganzen Juden satt», behauptet der Vater.[57] Rose schreibt in einem ihrer Rundbriefe an die Familie, Jacks «ganze Haltung zum Krieg» habe sich verändert. Er sei jetzt «durchaus bereit zu sterben für die USA, um die Deutschen und Japaner daran zu hindern, die dominanten Völker auf ihren jeweiligen Kontinenten zu werden, weil er glaubt, dass sie früher oder später auch unseren bedrängen werden. Er meint auch, es wäre gut für Joes politische Karriere, wenn er für die große alte Fahne sterben würde, obwohl ich nicht glaube, dass er das für unbedingt notwendig hält.»[58] Am 25. April 1943 übernimmt Leutnant John F. Kennedy auf der Pazifikinsel Tulagi das Kommando über «PT 109».

Die Torpedoboote haben nach Pearl Harbor einen fast legendären Status erlangt. Von todesmutigen Helden be-

Die Besatzung der «PT 109», ganz rechts der Kommandant John F. Kennedy

mannt, preschen sich die wendigen Boote an die riesigen japanischen Kriegsschiffe heran, versenken sie mit ihren Torpedos, um anschließend in einer Rauchwolke zu verschwinden. So der von der Propaganda geschürte Mythos. Die Wirklichkeit sieht anders aus. Die aus Sperrholz gebauten Boote fahren mit Flugbenzin, sodass jeder Treffer das Boot in einen Feuerball verwandeln kann. Die Torpedos sind veraltete Exemplare aus dem Ersten Weltkrieg, die ihre Ziele oft nicht erreichen, nicht explodieren oder in den Abschussrohren heiß laufen und das Boot in Brand setzen. Weil sie leicht sein müssen, haben die Torpedoboote keine schweren Geschütze, um sich gegen Flugzeugangriffe angemessen zu verteidigen. Deshalb werden sie selten gegen die modernen japanischen Kriegsschiffe eingesetzt, sondern hauptsächlich gegen die Schleppkähne, mit denen die Japaner ihre Truppen von Insel zu Insel transportieren, und nur nachts. Da aber wenige Torpedoboote Radar haben, sind diese Einsätze selten effektiv.

In der Nacht vom 1. auf den 2. August 1943 bekommt Kennedys Einheit den Auftrag, vier japanische Zerstörer abzufangen. Fünfzehn Boote werden bei dieser Aktion eingesetzt, die in der offiziellen Chronik der PT-Einsätze als «die vielleicht wirrste und ineffektivste Aktion, an der die Torpedoboote je beteiligt wurden», bezeichnet wird.[59] Beim Einsatz wird kein einziges japanisches Schiff beschädigt. PT 109 wird jedoch von einem japanischen Zerstörer gerammt und in zwei Teile geschnitten. Die Kameraden auf anderen Booten sehen, wie das Flugbenzin explodiert, und gehen davon aus, dass die Mannschaft getötet worden ist. Tatsächlich aber haben elf der dreizehn Männer überlebt und retten sich auf ein Wrackteil, das noch aus dem Wasser ragt. Kennedy schleppt den schwer verbrannten Maschinisten Patrick McMahon zum Wrack und hilft einem weiteren Kameraden.

Als es hell wird, wächst die Angst der Männer vor der Entdeckung durch japanische Flugzeuge. Kennedy gibt den Befehl, zu einer nahe gelegenen Insel zu schwimmen. Neun Männer halten sich an einem Balken fest und paddeln die etwa sechs Kilometer; Kennedy schleppt wieder McMahon, indem er ein Band seiner Rettungsjacke zwischen die Zähne klemmt. Nach vier Stunden haben sie die Insel erreicht.

Noch am selben Abend schwimmt Kennedy mit einer Lampe und einer Pistole hinaus ins offene Meer, in der Hoffnung, ein Torpedoboot auf ihre Lage aufmerksam zu machen. Das Wagnis kostet ihn fast das Leben. Er wird von einer Strömung erfasst und weit hinausgetrieben, verliert das Bewusstsein, wird aber gegen ein Riff gespült und erreicht seine Männer am Mittag des nächsten Tages. In den Tagen darauf unternehmen die Männer unter Kennedys Führung verschiedene Versuche, ihre verzweifelte Lage – sie haben weder Wasser noch Proviant, und die Inseln werden regelmäßig von den Japanern durchkämmt – zu verbessern und auf sich aufmerksam zu machen. Sie schwimmen zu einer zweiten Insel, dann zu einer dritten, die näher an der Hauptfahrrinne gelegen ist. Doch am Ende verdanken sie ihre Rettung dem australischen «Küstenwächter» Arthur Evans, der von seinem Posten hinter den japanischen Linien aus das Wrack der

PT 109 entdeckt und seine melanesischen Späher angewiesen hat, nach Überlebenden Ausschau zu halten. Am fünften Tag treffen zwei von ihnen auf Kennedys Männer. Am sechsten Tag wird die Mannschaft von zwei Torpedobooten gerettet. Am 10. August steht auf der ersten Seite der «New York Times»: KENNEDYS SOHN IST HELD IM SÜDPAZIFIK.

Der Verlust eines kleinen Bootes ist zwar nur eine Fußnote in einem Krieg, bei dem die USA über 416 000 Tote zu beklagen haben, davon über 100 000 im Pazifik. In Marinekreisen fragt man sich zudem, wie ein wendiges kleines Boot von einem Zerstörer gerammt werden konnte und ob es nicht doch besser gewesen wäre, bei dem Wrack zu bleiben, wo die Männer von Küstenwächtern und amerikanischen Aufklärungsflugzeugen hätten gesehen werden können. Aber das Publikum will Heldengeschichten, und ein Kennedy-Sohn ist etwas Besonderes. Eine Reportage des renommierten Journalisten John Hersey erscheint 1944 im «New Yorker» und danach im «Reader's Digest». Das Abenteuer wird nach dem Krieg in zwei Büchern und einem Hollywood-Film verarbeitet, der 1963 erscheint. Präsident Kennedy persönlich entscheidet, dass der junge Star Cliff Robertson die Rolle des Kommandanten Kennedy spielen soll.

Wenn er auch später aus politischem Kalkül den Heldenmythos um seine Person kultiviert, gibt Kennedy unmittelbar nach seiner Rettung in einem langen Brief an Inga Arvad seinen echten Gefühlen Ausdruck: *Der Krieg ist ein dreckiges Geschäft. Es ist sehr leicht, über den Krieg zu reden und dass wir die Japaner besiegen werden, auch wenn es Jahre dauert und eine Million Männer kostet, aber wer so redet, sollte genau bedenken, was er sagt. Wir gewöhnen uns so sehr daran, über Milliarden von Dollar und Millionen von Soldaten zu reden, dass einige tausend Tote wie ein paar Tropfen im Eimer klingen. Aber wenn jene Tausende so sehr am Leben hängen wie die zehn, die ich sah, dann sollten diejenigen, die das Warum und Wofür entscheiden, dafür sorgen, dass diese ganze Anstrengung zu einem bestimmten Ziel führt und dass wir nach Erreichen des Ziels sagen können, das hat sich gelohnt, denn sonst wird uns das Ganze zu Asche werden. […] Das hier ist so dumm, es hat zwar eine krankhafte Faszination für einige von uns, mich eingeschlossen, aber wenn ich gehe, will ich es weit hinter mir zurücklassen.* Trotzdem beendet der Sechsundzwanzigjährige den Brief mit der Bemerkung: *Falls mir etwas zustößt, weiß ich: Selbst wenn ich hundert Jahre alt geworden wäre, hätte ich nur die Quantität meines Lebens verbessert, nicht die Qualität. Das klingt verdammt düster. Schluss damit.*[60]

Man vergisst leicht, dass für die Generation Kennedys die Kriegserlebnisse die intensivsten ihres Lebens sind. Für Kennedy selbst bildet die Erfahrung dieses *dreckigen Geschäfts* einen starken Gegensatz zur romantischen Seite seines Charakters, die seit seiner Kindheit von Heldengeschichten und dem Wunsch geprägt ist, selbst ein Held zu sein. Die Abscheu gegenüber dem Krieg und den Leuten, die leichthin Millionen Menschen für den Sieg opfern, lässt ihn in entscheidenden Augenblicken seiner Präsidentschaft – während der Krisen um Berlin und Kuba – mit dem Einsatz militärischer Mittel zögern. Womit er wahrscheinlich die Welt vor einem Atomkrieg rettet.

Das liegt 1943 weit in der Zukunft. Mögen seine Vorgesetzten in der Marine, mag auch Jack Kennedy selbst seinen Einsatz im Pazifik etwas kritischer betrachten – für die Nation, für die Familie, für den Vater ist er ein Held. Und das ist für den älteren Bruder ein Problem. Joe Junior ist auf Heimaturlaub, als bei der 55. Geburtstagsfeier seines Vaters jemand einen Toast ausbringt auf «Botschafter Joe Kennedy, Vater unseres Helden, unseres eigenen Helden, Leutnant John F. Kennedy von der U. S. Marine!» In der Nacht hört ein Gast, der mit ihm das Zimmer teilt, wie Joe Junior im Bett weint und plötzlich flüstert: «Bei Gott, ich werde es ihnen zeigen!»[61] Am Tag darauf fliegt er zu seiner Einheit nach England. Die Familie sieht ihn nie wieder.

Kalter Krieg

Politische Lehrjahre

Ich kämpfe gegen einen Schatten, und der Schatten wird immer gewinnen, vertraut Jack seinem Freund Lem Billings an.[62] «Ich bin mir sicher, dass [Jack] immer bewusst ist, dass er neben seinem eigenen auch Joes Leben leben muss», schreibt Rektor George St. John an Rose.[63] Das bedeutet: die politischen Ambitionen des Vaters erfüllen. Die nächste Gelegenheit dazu bieten die Wahlen zum Repräsentantenhaus 1946. Bis dahin darf der Name Kennedy nicht aus der Öffentlichkeit verschwinden. Joseph Kennedy sorgt dafür, dass sein Zeitungsverleger-Freund Hearst den heimgekehrten Kriegshelden als Sonderkorrespondenten nach San Francisco schickt, um «vom Standpunkt des Soldaten» über die Gründungsversammlung der Vereinten Nationen zu berichten.

Man kann sich heute kaum vorstellen, welche Hoffnungen sich nach dem Krieg an die von Roosevelt angeregte internationale Organisation knüpfen. Die USA, Großbritannien und Frankreich, die Sowjetunion und China haben gemeinsam die Achsenmächte Deutschland, Italien und Japan besiegt. Für einen kurzen Augenblick scheint es, als könnten sie ihr Kriegsbündnis fortsetzen, um den Weltfrieden dauerhaft zu sichern. Jedoch werden solche Hoffnungen bald enttäuscht.

Aus San Francisco schreibt Kennedy an einen Freund: *Es wäre sehr leicht, Dir einen zornigen Brief zu schreiben. Wenn ich denke, wie viel dieser Krieg uns gekostet hat, wenn ich an den Tod von Cy und Peter und Orr und Gil und Denis und Joe und Billy denke und an die Tausende und Millionen, die mit ihnen starben – wenn ich an all die tapferen Handlungen denke, die ich gesehen habe, die jeder gesehen hat, der im Krieg war –, dann läge es sehr nahe, wenn ich mich enttäuscht, ja in gewisser Weise verraten fühlte. Man hat Schlachten gesehen, wo Opfer an der Tagesordnung waren; und wenn man jene Opferbereitschaft mit der Furchtsamkeit und Selbstsucht der in San Francisco versammelten Nationen vergleicht, muss es einen desillusionieren.*

Jedoch: *Die Sache kann nicht von oben aufgezwungen werden. Der internationale Verzicht auf nationale Souveränität müsste vom Volk her kommen – so stark, dass die gewählten Delegierten ihr Amt verlieren würden, wenn sie ihn nicht durchsetzten. Wir müssen der Wahrheit ins Auge sehen: Die Menschen sind durch den Krieg nicht ausreichend entsetzt worden, nicht so, dass sie alles lieber täten, als einem weiteren Krieg entgegenzusehen. Der Krieg wird so lange existieren, bis eines fernen Tages der Kriegsdienstverweigerer aus Gewissensgründen das gleiche Ansehen und Prestige genießt wie der Krieger heute.*[64]

Von San Francisco fliegt Kennedy nach London, um für Hearst über die bevorstehende Wahl zum britischen Unterhaus zu berichten. Die Wiederwahl des Kriegspremiers Winston Churchill gilt als sicher. Kennedy ahnt aber: *Churchill kann die Wahl verlieren.* Denn seine Konservative Partei *kämpft gegen eine Flut an, die durch Europa rast und überall Monarchien und konservative Regierungen hinwegspült.*[65] Tatsächlich wird Churchill mitten in den Potsdamer Verhandlungen über die Nachkriegsordnung Europas abgewählt.

Nach der Wahl darf der junge Reporter den US-Marineminister James Forrestal, einen Freund der Familie, bei einer Inspektionsreise nach Berlin, Bremerhaven, Frankfurt und Berchtesgaden begleiten. In Deutschland wird er mit der Realität des sich abzeichnenden Bruchs zwischen den Siegermächten konfrontiert. Während bei den Potsdamer Verhandlungen an der Fiktion einer bloß vorübergehenden Besatzung und des Fortbestehens deutscher Einheit festgehalten wird, vermerkt Kennedy am 29. Juli 1945 in seinem Tagebuch: *Eine Meinung hier lautet, dass die Russen nie aus ihrer Besatzungszone abziehen werden, sondern ihren Teil Deutschlands in eine sozialistische Sowjetrepublik verwandeln wollen. Da stellt sich die Frage, ob die anderen drei Besatzungsmächte es sich leisten können, ihre Zonen zu räumen.*[66] Als Präsident wird Kennedy 16 Jahre später mit dem Bau der Berliner Mauer konfrontiert werden, die, wie es lange Zeit scheint, die deutsche Teilung für immer zementiert.

1945 ist der ehemalige Marineoffizier allerdings hauptsächlich am Besuch zerstörter Militäreinrichtungen und Kommandozentralen interessiert. Mit Forrestal besucht er in Berlin Hitlers Bunker und in Berchtesgaden den «Adlerhorst» auf dem Obersalzberg. Mit Opfern des Regimes trifft sich die amerikanische Delegation nicht; das Wort «Jude» kommt in Kennedys Reisetagebuch nicht vor, das mit der befremdlichen Reflexion endet, man könne *leicht verstehen, wie Hitler nach einigen Jahren aus dem Hass, der ihn heute umgibt, als eine der bedeutendsten Gestalten hervortreten wird, die je gelebt haben. Er hatte für sein Land eine grenzenlose Ambition, die ihn zu einer Gefahr für den Weltfrieden machte, aber um ihn, um die Umstände seines Lebens und seines Todes war ein Geheimnis, das nach ihm leben und wachsen wird. In ihm war der Stoff, aus dem die Legenden sind.*[67]

Für Journalismus ist aber keine Zeit mehr: Im 11. Bostoner Wahlbezirk steht die Neuwahl des Abgeordneten für das Repräsentantenhaus in Washington an. Da der 11. Bezirk immer demokratisch wählt, geht es nur darum, in der Vorwahl die innerparteiliche Konkurrenz aus dem Rennen zu werfen. Inzwischen hat Joseph Kennedy einige Vorbereitungen getroffen. Vom Gouverneur lässt er sich zum Chef einer Kommission zur Untersuchung der wirtschaftlichen Situation des Staates Massachusetts ernennen. So kann er Informationen bekommen, Kontakte knüpfen und den Namen Kennedy wieder ins Gespräch bringen.

Besonders wichtig ist es, den Geruch des Pazifisten und Hitler-Beschwichtigers loszuwerden. Seinen Freund Forrestal überredet Joe, ein Kriegsschiff nach dem gefallenen Sohn benennen zu lassen. Der Stapellauf des Zerstörers «Joseph P. Kennedy, Jr.» wird in Boston ebenso aufmerksam verfolgt wie die Gründung der Sektion «Joseph P. Kennedy, Jr.»

der nationalen Veteranenorganisation. Sektionskommandeur ist der Kandidat John F. Kennedy. Ein Nachdruck des PT-109-Artikels aus «Reader's Digest» wird an alle Wähler verteilt. Joseph Kennedys alte Filmgesellschaft RKO dreht eine Wochenschau, die den «jungen Kriegshelden» und seine Wahlparole *Die neue Generation bietet einen Führer* feiert. Eine «Joseph-P.-Kennedy-Stiftung» unterstützt katholische Wohltätigkeitseinrichtungen und soll die Kennedys als Wohltäter in der Tradition der großen WASP-Familien Carnegie, Ford, Rockefeller und Co. herausstellen. Um die Stimmen für den italoamerikanischen Konkurrenten Joseph Russo zu spalten, wird ein zweiter Joseph Russo ausfindig gemacht und als Strohmann ins Rennen geschickt. Und es wird – ein Novum in der Bostoner Geschichte – eine professionelle Werbeagentur engagiert, um den Kandidaten zu vermarkten. «Mit dem Geld, das ich hier ausgebe, könnte ich meinen Chauffeur in den Kongress wählen lassen!», prahlt der Vater.[68]

Vielleicht hätte es Kennedys Chauffeur leichter als sein Sohn. Der 11. Wahlbezirk ist ein Mikrokosmos der Widersprüche innerhalb der Demokratischen Partei. Er umfasst einerseits die linksliberalen Akademiker von Cambridge, wo die Elite-Hochschulen Harvard, Radcliffe und Massachusetts Institute of Technology liegen, andererseits die irisch- und italienischstämmigen katholischen und konservativen Arbeiter der Werften, Hafenanlagen und Fabriken Bostons. Die Akademiker sehen in Kennedy den Katholiken, die Arbeiter den Millionär. Für beide Gruppen ist der Kandidat zunächst nur der unerfahrene Sohn eines ehrgeizigen Vaters.

Entscheidend sind die Stimmen der kleinen Leute. Doch ist er in deren Welt *anfangs ein Fremder*[69]. Der *kämpfende Konservative*, wie er sich beschreibt,[70] setzt sich für höhere Löhne, Arbeitslosenhilfe und Krankenversicherung ein, ohne wirklich zu verstehen, wie wichtig diese Dinge sind. Über Geld redet man in seiner Welt nicht, man hat es. Einem Mitarbeiter gesteht er einmal, dass er in seinem Leben noch nie Bus gefahren ist.[71]

Wahlkampf 1946

Die alten irischen Profis, die sein Vater ausgegraben hat, wecken den Kandidaten früh und führen ihn zu den Werften und Lagerhallen, durch Gemüse- und Friseurläden, zu den verfallenen Wohnungen seiner Wähler. Kennedy lächelt, hört zu, schüttelt Hände, spricht vormittags an Straßenecken und mittags beim Essen mit Gewerkschafts- oder Vereinsfunktionären. Nach einem kurzen Mittagsschlaf in seinem Hotelzimmer – er besitzt nicht einmal einen richtigen Wohnsitz in Boston – geht die Routine weiter. Abends redet er bei irgendeiner Gesellschaft, geht anschließend durch die irischen oder italienischen Arbeiterclubs und Kneipen bis etwa halb zwei in der Nacht. Vier Monate lang gönnt er sich Tag für Tag höchstens viereinhalb Stunden Schlaf.

Und doch «war es schwer, den Kerl zu verkaufen», erinnert sich «Patsy» Mulkern, einer seiner irischen Mentoren. «Als ich Kennedy das erste Mal traf, hatte er Turnschuhe an. Ich sagte: ‹Um der Liebe Christi willen, Jack, zieh die Turnschuhe aus. Meinst du, du gehst jetzt Golf spielen?› […] Er war krank damals, ein Krüppel eigentlich. Der Kerl hatte furchtbare Schmerzen […]. Aber das half ihm sogar ein wenig. Mitleid. Die Frauen. Die Frauen! Bei denen geht nichts über Mitleid. Mitleid und Geld dazu!»

Seine Wirkung auf Frauen lernt Kennedy bald gezielt einzusetzen. Bei Veranstaltungen in Hochschulen haben die Mädchen «geschrien und gerufen und ihn angefasst» wie bei Frank Sinatra, erinnert sich Red Fay.[72] Nach einer Rede vor «Gold Star Mothers», die einen Sohn im Krieg verloren haben, wird er «sofort von all diesen Müttern umringt, und ich höre aus dem Hintergrund, wie sie sagen: Der erinnert mich an meinen eigenen John oder Joe oder Pat, wen sie auch immer geliebt und verloren hatten. Selbst ich war überwältigt», sagt der Politprofi und Freund Dave Powers, «und ich blieb bei ihm von jenem Tag an bis Dallas.»[73]

Für die Frauen werden «Teepartys mit den Kennedys» organisiert, sechs bis neun pro Abend, bei denen Rose oder eine der Schwestern, Eunice, Pat und Jean, in der guten Stube irgendeiner Wahlhelferin mit den Frauen über Kinder, Küche und Kirche plaudern, während Robert draußen mit den Kindern Football spielt. Den Höhepunkt der Kampagne bildet ein Empfang der Kennedys im vornehmen «Commander Hotel», der an den Snobismus und die Aufstiegshoffnungen der Frauen appelliert. Die Gegner höhnen über die Vorstellung, dass ein Kandidat die Wählerinnen zu sich bittet, statt zu ihnen zu gehen. Als aber 1500 Frauen in ihren besten Kleidern erscheinen, um von den Kennedys mit einer Tasse

Tee, einem Händedruck und einem Lächeln empfangen zu werden, verstummt der Hohn.

Die Auszählung der Stimmen bei der Vorwahl ergibt einen Erdrutschsieg für Kennedy – der sich derweil im Kino «Eine Nacht in Casablanca» mit den Marx Brothers ansieht.

1947 zieht der neunundzwanzigjährige Kongressabgeordnete nach Washington. Er mietet ein Reihenhaus im vornehmen Vorort Georgetown, wo er mit seiner Schwester Eunice, einem Mitarbeiter, einer Köchin und einem schwarzen Diener wohnt, richtet sein Büro im Kapitol ein und bemüht sich, seine Arbeit gut zu machen. Es fällt ihm nicht leicht: *Ich war schließlich für den Job nicht ausgebildet. Ich hatte ihn mir nicht ausgesucht.*[74]

Zwar sitzt im Weißen Haus mit Präsident Harry Truman ein Demokrat. Der 80. Kongress ist aber – zum ersten Mal seit der Großen Depression, die 1933 Franklin D. Roosevelt ins Weiße Haus und den Demokraten die Mehrheit in beiden Häusern der Legislativen gebracht hat – von den Republikanern beherrscht. Reformmüdigkeit, Ärger über den Bürokratismus, vor allem aber der beginnende Kalte Krieg und die wachsende Angst vor dem Kommunismus bescheren den Republikanern im Repräsentantenhaus eine Mehrheit von 246 zu 189 Sitzen.

Für einen jungen Abgeordneten der Minderheitsfraktion gibt es kaum Möglichkeiten, sich zu profilieren. Kennedy hat aber Glück. Zu einem Zeitpunkt, da die Rückkehr von sechs Millionen Soldaten und die Schwierigkeiten bei der Umstellung auf die Friedensproduktion Wohnungsnot, Angst vor Rezession und Arbeitslosigkeit hervorrufen, erhält er einen Sitz im Ausschuss für Erziehung und Arbeit. Hier kann er sich öffentlichkeitswirksam für Preis- und Mietkontrollen, einen gesetzlichen Mindestlohn, ein staatliches Gesundheitssystem und sozialen Wohnungsbau für Kriegsheimkehrer einsetzen: *Jeder Veteran, der gesehen hat, wie sich amerikanisches Rüstungsmaterial Welle um Welle auf die Strände der Normandie ergoss; der zusah, wie Inseln im Pazifik gerodet und binnen vier bis fünf Tagen in Landeplätze verwandelt wurden; der die grenzenlose Verschwendung des Krieges gesehen hat und die scheinbar grenzenlose Produktivität, die das Verschwendete ersetzte – ja, wen wundert es, wenn dieser Veteran nicht verstehen kann, dass er kein Dach über dem Kopf hat?*[75] Das entspricht der Position der linken Demokraten, die eine Fortsetzung der «New-Deal»-Politik Roosevelts fordern.

Wenige Jahre später allerdings befürwortet *der kämpfende Konservative* einen Abbau staatlicher Einflussnahme: *Der rote Faden, der sich zur Zeit durch die Weltgeschichte zieht, ist die Tendenz zur Überantwortung zentraler Probleme in die allumfassenden Hände des großen Leviathan – des Staates. Wir müssen uns engagieren für die Aufrechterhaltung der Autorität des Volkes, des Individuums, über den Staat.*[76] Diese Wende ist Ergebnis seiner Schulung in den Grundlagen der katholischen Staats- und Soziallehre durch den Priester Edward Duffy: *Jedes Individuum hat eine innere Seele, bestehend aus einem Intellekt, der die Wahrheit erkennen kann, und einem freien Willen. Da wir das glauben, können Katholiken keiner politischen Theorie anhängen, die den Staat für eine eigenständige Organisation hält, der man Treue schuldet; er ist vielmehr eine repräsentative Einrichtung, deren Macht von der Zustimmung der Regierten abhängt.*[77]

Zunehmend distanziert sich Kennedy vom linken Flügel seiner Partei. Unter den Kollegen, die wie er Neulinge im Kongress sind, bewundert Kennedy am meisten die Republikaner Richard Nixon und Joseph McCarthy. Als Nixon gegen eine linke Demokratin um einen Sitz im Senat kämpft, überbringt Kennedy persönlich eine Wahlkampfspende seines Vaters. Der irischstämmige und katholische McCarthy wird ein Freund der Familie, führt Kennedys Schwestern Eunice und Pat aus, verbringt Wochenenden in Hyannis Port. Was Kennedy, Nixon und McCarthy zusammenführt, ist das Thema, das die Epoche definieren wird: der Kalte Krieg.

Die Hoffnungen, die sich an die Gründung der Vereinten Nationen geknüpft haben, sind bald verflogen. Polen, um dessen Freiheit willen Großbritannien Hitler den Krieg er-

Das Haus der Kennedys in Hyannis Port.
Foto von 1963

klärt hat, verschwindet ebenso wie die Tschechoslowakei und der Rest Osteuropas hinter dem «Eisernen Vorhang». Überall im sowjetischen Machtbereich werden stalinistische Diktaturen errichtet. Deutschland wird – wie es Kennedy bei seinem Besuch geahnt hat – geteilt. 1948 kommt es fast zum Krieg, als die Sowjetunion mit einer Blockade West-Berlins den Versuch unternimmt, die USA, Großbritannien und Frankreich aus der Stadt zu vertreiben und Berlin ihrem Machtbereich einzuverleiben. 1949 zündet die Sowjetunion eine Atombombe, womit Amerikas Monopol dieser Massenvernichtungswaffen gebrochen ist. Im selben Jahr ergreift der Kommunist Mao Tse-tung in China die Macht und errichtet ein Terrorregime. Ein Jahr danach fällt das von China unterstützte kommunistische Nordkorea in den Süden Koreas ein und stürzt die USA in einen neuen Krieg.

Mit der Enttarnung der Spione Klaus Fuchs, David Greenglass, Julius und Ethel Rosenberg, die Atomgeheimnisse an die Sowjetunion verraten haben, beginnt eine Jagd auf Kommunisten und deren vermeintliche Sympathisanten, zunächst in der Regierung, dann in Behörden, Universitäten, Schulen und den Medien, besonders in Hollywood, die oft hysterische – und zuweilen antisemitische – Züge annimmt.

Zu den lautstärksten Kommunistenhassern gehören gerade katholische Arbeiter und Kleinbürger wie die aus Kennedys Wahlbezirk in Boston. Deren Existenzängste verbinden sich, nicht zuletzt dank der Agitation der Kirche, mit Zorn wegen der kommunistischen Verfolgung der Katholiken in Polen und China und Hass auf die linksliberalen – und oft jüdischen – Akademiker, die angeblich in Roosevelts Administration den Ton angegeben hätten. Der «New Deal» gilt vielen als «Jew Deal». Viele Katholiken glauben, dass der Protestant Roosevelt unter den Einflüsterungen seiner mit der Sowjetunion sympathisierenden jüdischen Berater nicht nur den falschen Krieg geführt, sondern auch den Frieden verloren hat und seinem atheistischen Verbündeten Stalin zu weit entgegengekommen ist. Auch die Appeasement-Politik erscheint nun in einem günstigeren Licht. Wie Joseph Kennedy sagt: «Ich habe ja damals vorhergesehen, dass der Krieg zur Vernichtung vieler unserer demokratischen Institutionen und zum Aufstieg des Kommunismus führen würde.»[78]

Der im Gegensatz zu seinem Bruder Robert ‹religiös unmusikalische› John F. Kennedy passt sich dieser Strömung an. Bei seiner Wiederwahl 1948 verspricht er *eine starke katholische Führung* im Kongress.[79] 1958 sagt er: *Ich halte die Religion für die Wurzel des Kampfes* gegen den Kommunismus. Der Kalte Krieg sei in seiner *Essenz nicht materiell, sondern spirituell und ethisch.*[80] Im Sinne der Kirche und der sogenannten «China-Lobby» um den Pressezar Henry Luce verbreitet Kennedy die Mär, Truman und seine außenpolitischen Berater hätten China an die Kommunisten verraten: *Unsere Diplomaten und ihre Berater […] waren so besorgt wegen der Unvollkommenheiten des demokratischen Systems in China nach zwanzig Jahren Krieg […], dass sie unser vitales Interesse an einem nichtkommunistischen China völlig aus den Augen verloren. Dies ist die tragische Geschichte Chinas, für dessen Freiheit wir einst kämpften. Was unsere Jungs kämpfend errangen, haben unsere Diplomaten und unser Präsident verspielt.*[81] Diese Rede hält er ein Jahr vor Joe McCarthys berüchtigter Rede in Wheeling, West Virginia, in der er den Kalten Krieg als «Endkampf zwischen dem atheistischen Kommunismus und dem Christentum» beschreibt und behauptet, im Besitz einer Liste mit 205 bekannten kommunistischen Verrätern im Außenministerium zu sein, die dort «immer noch arbeiten und die Politik gestalten».[82] Diese Rede vom 9. Februar 1950 gilt als Startschuss jener Hexenjagd, die wir «McCarthyismus» nennen.

Fällt dieser Schuss aber wirklich in Wheeling? Schon 1948 klagt Richard Nixon vor dem «Komitee für Unamerikanische Aktivitäten» des Repräsentantenhauses den Beamten des Außenministeriums und Organisator der UN-Gründungskonferenz Alger Hiss als Kommunist und Spion an. Zu Recht übrigens, wie wir inzwischen aus sowjetischen Dokumenten wissen. Ein Jahr zuvor hat Präsident Truman zusammen mit der Verkündung der «Truman-Doktrin», die allen Völkern amerikanischen Beistand verspricht, die von außen oder innen kommunistischer Bedrohung ausgesetzt sind, eine «Loyalitätsorder» erlassen: ein Berufsverbot für Kommunisten im öffentlichen Dienst. Drei Millionen Regierungsangestellte werden überprüft, 3000 werden entlassen oder kündigen. Die Einzelstaaten und Kommunen folgen mit eigenen Loyalitätsprogrammen, etwa für Lehrer und Bibliothekare.

Im selben Jahr beschließt der Ausschuss für Erziehung und Arbeit des Repräsentantenhauses, den kommunistischen Einfluss in den Gewerkschaften unter die Lupe zu nehmen. Im Wahlbezirk des Ausschussvorsitzenden Charles Kersten wird das für die Rüstung wichtige Maschinenbau-Unternehmen Allis-Chalmers seit Monaten von der Automobilarbeiter-Gewerkschaft unter Führung von Harold Christoffel bestreikt. Kennedy gelingt es, Christoffel als Kommunisten zu enttarnen, der bereits 1941 im Auftrag der Partei die Kriegsproduktion bei Allis-Chalmers durch einen Streik sabotieren sollte, und zwar im Interesse der damals noch mit Hitler verbündeten Sowjetunion. Weil sie vor den Kongressausschüssen ihre kommunistischen Verbindungen geleugnet haben, werden Hiss und Christoffel wegen Meineids angeklagt und zu Gefängnisstrafen verurteilt. Stolz sagt Adlai Stevenson, demokratischer Präsidentschaftskandidat 1952: «[Es war] der Abgeordnete Kennedy, nicht Senator Nixon, der es das erste Mal schaffte, einen Kommunisten wegen Meineids vor Gericht zitieren zu lassen.» Und der Republikaner Kersten sagt, Kennedys Arbeit im Ausschuss «war das erste Gefecht zwischen dem Kongress und der kommunistischen Verschwörung in Amerika».[83]

Nach dem Sturz McCarthys, von dem noch zu reden sein wird, distanziert sich Kennedy von seiner Rolle als Kommunistenjäger: *Damals wusste ich eigentlich nichts über diese Dinge*, sagt er 1956 in einem Interview. *In meiner Familie interessierten wir uns weniger für die Ideen in der Politik als vielmehr für die Mechanik des ganzen Prozesses.*[84] Das ist eine Irreführung. Kennedy ist wie kaum ein anderer für *Ideen in der Politik* empfänglich. Und der Antikommunismus ist für einen *kämpfenden Konservativen* nicht nur im Sinne der *Mechanik des ganzen Prozesses* opportun; er ist auch auf der Linken eine respektable intellektuelle Strömung, vertreten etwa durch Schriftsteller wie George Orwell und Arthur Koestler, André Gide und Melvin Lasky, der 1950 in Berlin den «Kongress für Kulturelle Freiheit» gründet.

Es sind übrigens oft gerade die Kräfte, die vor 1939 Appeasement gegenüber Hitler gepredigt haben, die nun meinen, Europa sei auch nicht vor dem Kommunismus zu retten, die Gelder für den Wiederaufbau und die Verteidigung Europas sollten lieber eingespart oder zu Hause ausgegeben werden. Der Historiker Arthur M. Schlesinger, Jr. vom linken Flügel der Demokraten, der später Hofchronist der Kennedy-Administration wird, schreibt 1947: «Joseph P. Kennedy, der Nestor amerikanischer Kapitalisten, hat neulich argumentiert, die Vereinigten Staaten sollten nicht versuchen, der

Ausbreitung des Kommunismus Widerstand zu leisten. [Er] exemplifiziert den Todeswunsch der Kapitalisten.»[85]

Während sich Kennedy in Washington einen Namen macht, wird die Familie erneut von einem Unglück heimgesucht. 1948 stirbt Kennedys Lieblingsschwester Kathleen bei einem Flugzeugabsturz. *Das Leben ist unfair,* sagt Kennedy gegenüber seinem ersten Biographen, James MacGregor Burns. *Kathleen und Joe hatten diese enorme Vitalität. Die Welt stand ihnen offen. Wenn dir selbst etwas passiert oder jemandem in der Familie, der ohnehin elend ist, dessen Gesundheit schlecht ist, oder der eine chronische Krankheit hat oder so etwas, dann ist das eine Sache. Aber wenn das Leben eines Menschen, der es voll auskostet, abgeschnitten wird – das ist ein Schock.*[86]

Dieser Hinweis auf *eine chronische Krankheit* und auf *jemanden, der ohnehin elend ist,* muss man wohl als Ausrutscher einstufen, ebenso wie die Bemerkung gegenüber dem Journalisten Joseph Alsop: *Die Ärzte sagen, ich hätte eine Art schleichende Leukämie, aber sie meinen, ich werde wahrscheinlich bis 45 durchhalten.*[87] Denn die Wahrheit über Kennedys Gesundheitszustand – Krankheitszustand wäre ein besseres Wort – wird nicht einmal innerhalb der Familie bekannt, wie sein Bruder Edward in seinen Memoiren schreibt, und darf erst recht nicht nach außen dringen.

Kurz vor Kathleens Tod ist nach einem Zusammenbruch in London endlich die Addison-Krankheit als Hauptursache der Schwächeanfälle diagnostiziert worden, die Kennedy seit seiner Kindheit geplagt haben. Die britischen Ärzte geben ihm nur noch ein Jahr zu leben, was nicht übermäßig pessimistisch ist, denn noch 1930 beträgt die Sterblichkeitsrate nach Ausbruch der Krankheit 95 Prozent innerhalb von fünf Jahren. Bis heute ist die Addison-Krankheit unheilbar; sie kann aber durch eine Therapie mit Hydrocortison und Fludrocortison in Schach gehalten werden. Seit 1947 nimmt Kennedy diese Medikamente regelmäßig. Sie lassen sein Gesicht gelegentlich aufgedunsen wirken, was seiner Eitelkeit abträglich ist, ihn aber älter und staatsmännischer aussehen lässt. Das verräterische Addison-Symptom der «Bronzehaut» hingegen wird als gesunde, sportliche Bräune ausgegeben.

Jack und Jackie

Wenn Kennedy nur *bis 45 durchhalten* kann, hat er keine Zeit zu verlieren. Es reicht nicht, Abgeordneter des 11. Bostoner Bezirks zu sein: *Wir drüben im Repräsentantenhaus waren doch nur Würmer.*[88] Das nächste politische Ziel ist der Senat: jenes illustre Gremium, in dem zwei Vertreter aus jedem Bundesstaat mit *enormen Vollmachten* die Geschicke der Nation bestimmen: *der exklusivste Club der Welt.*[89]

Anders als die Abgeordneten, die sich alle zwei Jahre den Wählern stellen müssen, beträgt die Wahlperiode eines Senators sechs Jahre. Erst 1952 findet in Massachusetts der nächste Kampf um einen Senatssitz statt; es gilt als sicher, dass der Republikaner Henry Cabot Lodge wiedergewählt wird. Lodge entstammt der vornehmsten Familie Bostons, von der es heißt: «Die Lowells sprechen nur mit den Cabots. Und die Cabots sprechen nur mit Gott.» Kennedys Großvater John Fitzgerald hat 1916 gegen Lodges Großvater beim Kampf um den Senatssitz verloren. Aber Lodge setzt die Amateurtradition der Bostoner Brahmanen fort, die sich eher am England des 18. Jahrhunderts orientiert als an den Realitäten der USA im 20. Jahrhundert. *Ich fing viereinhalb Jahre vorher mit dem Wahlkampf an. Mein Gegner, Henry Cabot Lodge, startete erst zwei Monate vor dem Wahltag.*[90]

«Wir werden Jack wie Seifenpulver verkaufen!», sagt Joseph Kennedy.[91] Der Kandidat sieht es ähnlich, nur schweben ihm andere Produkte vor: *Wenn man bedenkt, wie viel Geld Coca-Cola und Lucky Strike Tag für Tag in die Werbung stecken, obwohl sie bekannte Marken sind, wird einem klar, wie schwierig es für einen Politiker ist, einen Wiedererkennungswert zu erlangen. Die Vorstellung, zwei oder drei Monate würden ausreichen, damit die Menschen einen gut genug kennen, um einen zu unterstützen, ist völlig falsch. […] Meiner Meinung nach hängt der Sieg in einer Schlacht wie beim Kampf um einen Sitz im Kongress oder beim*

Kampf um die Präsidentschaft im Prinzip von der gleichen Hauptzutat ab: der Bereitschaft, sich einer langen, langen Anstrengung zu unterwerfen.[92] Hier umreißt der Präsident im Rückblick das Neue an seiner politischen Strategie: permanenter Wahlkampf, um die Marke «Kennedy» unabhängig von den Parteistrukturen im Bewusstsein der Wähler zu etablieren.

Der Wahlkampf 1952 um die Herzen der viereinhalb Millionen Einwohner von Massachusetts ist eine Wiederholung des Wahlkampfs von 1946, nur eben in größerem Maßstab, was für Kennedy einen noch härteren Einsatz bedeutet. Wie er 1946 die Slums von Boston kennenlernte, muss er nun die Marktflecken und kleinen Industriestädte, die Fischereihäfen und Farmen von Massachusetts kennenlernen. Wie 1946 ist der Wahlkampf eine Familienangelegenheit. Bobby betätigt sich erstmals als Wahlkampfmanager, und wieder werden die Kennedy-Frauen eingesetzt, um ihrerseits Frauen als Organisatorinnen zu mobilisieren. «Wir konzentrierten unsere Anstrengungen auf die Frauen, weil sie in einem Wahlkampf die Hauptarbeit machen. Die Männer reden nur», erklärt Bobby.[93]

Und wie 1946 agiert Joseph Kennedy hinter den Kulissen. So sorgt er dafür, dass Joe McCarthy seinen liberalen Parteikollegen Lodge nicht unterstützt und organisiert konservative Republikaner in der Wählerinitiative «Unabhängige Republikaner für Kennedy». Lodge wird also zugleich von links und rechts angegriffen. Als die republikanisch eingestellte Tageszeitung «Boston Post» in finanzielle Schwierigkeiten gerät, leiht Joseph Kennedy dem Herausgeber eine halbe Million Dollar, woraufhin die Zeitung Kennedy unterstützt. *Wissen Sie*, sagt Kennedy später einem Journalisten, *wir mussten diese Scheiß-Zeitung kaufen, sonst wäre ich geschlagen worden.*[94]

Er wird nicht geschlagen. In einem Jahr, in dem die Bürger der USA – der Reformen zu Hause und des Krieges in Korea müde, verunsichert durch die russische Atombombe und eine angebliche kommunistische Verschwörung in

Gezielt wurde der Sex-Appeal des jungen Kandidaten eingesetzt: Teeparty der Kennedys im Wahlkampf 1952

Amerika – zum ersten Mal seit zwanzig Jahren mit Dwight D. Eisenhower einen Republikaner ins Weiße Haus wählen und die Bürger von Massachusetts den amtierenden Demokraten vom Gouverneurssitz verjagen, siegt John F. Kennedy mit einer Mehrheit von 70 000 Stimmen vor Lodge. «Jetzt haben die Fitzgeralds die Scharte ausgewetzt», jubelt Rose.[95] Joseph Kennedy aber visiert bereits den nächsten Schritt an: «Es wird für Dich nicht schwieriger sein, Präsident zu werden, als Lodge zu schlagen», schreibt er dem Sohn.[96]

Zunächst gilt es allerdings, sich als Senator für Massachusetts zu bewähren, durch Eintreten für die «Brot-und-Butter-Interessen» seiner Wähler. Zu Kennedys Gesetzesinitiativen in den Jahren 1953 bis 1955 gehören das *Kennedy-Gesetz zur Fischereiforschung und -marktentwicklung;* das *Kennedy-Fischstäbchen-Zollgesetz;* das *Kennedy-et-al.-Gesetz zum Schutz von Fischerbooten* sowie Gesetze zugunsten der Textilindustrie, der Werften, der Uhrenindustrie und des Bostoner Hafens. Auch wer gegen *den großen Leviathan* wettert, muss dafür sorgen, dass staatliche Subventionen, Regierungsaufträge, Schutzzölle und so weiter dem eigenen Bundesstaat zugutekommen.

Will Kennedy jedoch ein nationales Profil gewinnen, muss er zeigen, dass er über den Horizont New Englands hinausblicken kann. Die Gelegenheit ergibt sich bei der Abstimmung über den Sankt-Lorenz-Seeweg, der den Atlantik direkt mit den Industriezentren an den Großen Seen verbinden soll und deshalb an der Ostküste – und besonders in Boston, wo man den Niedergang des Überseehafens befürchtet – sehr unpopulär ist. Kennedy stimmt für den Kanal, was zu wütenden Protesten führt und zur Unterstellung, Kennedy habe deshalb für den Ausverkauf Bostons gestimmt, weil der Seeweg direkt nach Chicago führe, wo sein Vater den riesigen Handelskomplex «Merchandise Mart» gekauft hat. Außerhalb New Englands aber wird der Mut des jungen Senators bewundert. Als er 1960 nach der schwierigsten Entscheidung seiner Laufbahn gefragt wird, antwortet Kennedy: *Heiraten ist wahrscheinlich immer eine schwierige Angelegenheit – aber im Ernst: Die Abstimmung über den Sankt-Lorenz-Seeweg war wohl die schwierigste Entscheidung, politisch gesehen.*[97]

Die *schwierige Angelegenheit* des Heiratens wird mit Kennedys wachsender Bekanntheit immer dringlicher. In Washington ist er wegen seiner vielen Affären als «der fröhliche Junggeselle im Senat» bekannt, was weder damals noch heute im prüden Amerika als eine Empfehlung für das Präsidentenamt gilt. Ernsthaften Beziehungen geht er aus dem Weg. «Die Hauptsache für ihn war die Jagd», sagt später eine seiner Geliebten. «Ich glaube, er war insgeheim enttäuscht, wenn die Frau nachgab. Es bedeutete, dass sich seine geringe Meinung von Frauen wieder einmal bestätigte. Es bedeutete, er musste von neuem mit der Jagd beginnen ... [Ich] fragte ihn, warum er so wie sein Vater handelte, warum er echten Beziehungen aus dem Weg gehe. Er brauchte eine Weile, um seine Antwort zu formulieren. Schließlich zuckte er mit den Achseln und sagte: *Ich weiß es nicht. Ich kann wohl einfach nicht anders.* Dabei hatte er so einen traurigen Gesichtsausdruck. Er sah aus wie ein kleiner Junge, der gleich losheulen wird.»[98]

Kennedy lernt Jacqueline Lee Bouvier 1951 bei einem Abendessen kennen: *Ich beugte mich über den Spargel und bat sie um eine Verabredung.*[99] Sie ist zwölf Jahre jünger als er, schön, intelligent, gebildet und katholisch. In den Augen der Familie eine ideale Partie. Die Bouviers sind französischer Herkunft, und auch wenn ihr adliger Stammbaum erfunden ist, bedeutet für die neureichen Kennedys die Verbindung einen sozialen Aufstieg. Jacquelines Vater, John Vernou Bouvier III., ist als Börsenspekulant Opfer der Reformen Joseph Kennedys geworden, verfällt dem Alkohol und bringt sein restliches Geld bei der Jagd auf Frauen durch. Jacquelines Mutter Janet verlässt ihn mit den beiden Töchtern und heiratet den schwerreichen Börsenmakler Hugh Auchincloss. Jacqueline erhält die beste Ausbildung, die Geld kaufen kann: eine private Mädchenschule, die berühmte Frauenuniversität Vassar, die Sorbonne in Paris und die George Washington University. Sie spricht fließend Französisch und Spanisch, versteht etwas von Kunst, Literatur und Philosophie.

Als Kennedy sie kennenlernt, arbeitet Jacqueline – wie damals Inga Arvad – als Klatsch-Fotoreporterin bei der «Times-Herald» in Washington. Freilich sind solche Jobs für Frauen aus Jacquelines Schicht eher eine Gelegenheit, einen künftigen Ehemann kennenzulernen, als Einstieg in den seriösen Journalismus. Und zweifellos ist der «fröhliche Junggeselle» nicht nur wegen seines Vermögens und seiner schon damals offenbaren politischen Ambitionen für Jacqueline interessant. Wie Kennedy ist sie ein Ideenmensch; wie er ist sie schlagfertig und an Wörtern und ihrer Wirkung interessiert; wie er ist sie emotional eher unterkühlt, sieht die Welt ironisch und distanziert; wie er ist sie zwanghaft bemüht, ihr Image zu kontrollieren. So betont sie gegenüber den Kennedys ihre vornehme «französisch-englische» Abstammung, obwohl ihre Mutter irisch ist. Wie bei Jack Kennedy ist auch bei «Jackie» – sie hasst den Spitznamen – der Vater ein über-

Hochzeit mit Jacqueline Lee Bouvier, 12. September 1953

starkes Leitbild. Am Vater, der wegen seines Aussehens, seiner Wettleidenschaft und seines Charakters den Spitznamen «Black Jack» trägt, misst sie, was ein «echter Mann» sein soll, und Jack Kennedy ist ein Mann nach Jack Bouviers Herzen. «Wir drei gingen vor der Verlobung essen», erinnert sich Jacqueline, «und sie sprachen über Politik und Sport und Mädchen, worüber sich halt alle Männer mit rotem Blut in den Adern gerne unterhalten.» Und doch ahnt sie, wie sie später schreibt, dass Jack Kennedy «ihr Herz brechen wird, beschließt aber im gleichen Augenblick, dass sich der Schmerz lohnen wird».[100]

Im Herbst heirate ich also, schreibt Kennedy an Red Fay. *Das bedeutet das Ende einer vielversprechenden politischen Karriere, die bis jetzt fast ausschließlich auf dem alten Sex-Appeal basiert.*[101]

Am 12. September 1953 werden «Jack und Jackie» auf dem Anwesen der Familie Auchincloss vom Bostoner Erzbischof, dem späteren Kardinal Richard Cushing, getraut.

Jacqueline macht sich kaum Illusionen über die eheliche Treue. Bald sind Gerüchte über Affären ihres Mannes im Umlauf. «Alle Kennedy-Männer sind so», sagt sie einmal der Ehefrau von Edward Kennedy. «Du darfst dich davon nicht unterkriegen lassen, denn es ist nicht persönlich gemeint.»[102] Und doch fällt es ihr schwer, es nicht persönlich zu nehmen. Lem Billings bemerkt, wie sie «unter der Erniedrigung leidet, bei irgendwelchen Partys gestrandet zu sein, während Jack plötzlich mit einem hübschen Mädchen verschwindet»[103].

In einem gefilmten Interview drei Jahre nach ihrer Hochzeit wird sie gefragt: «Sie sind sehr in ihn verliebt, nicht wahr?» Jackie lächelt, wendet die Augen ab und sagt: «O nein!» Dann schaut sie den Interviewer groß an: «Ich habe nein gesagt, nicht?» Die Frage wird wiederholt. Jackie antwortet: «Es wird wohl so sein.» Und dann: «Ich hab das Interview ruiniert, nicht wahr?» Die Szenen werden geschnitten.[104]

Zivilcourage

1953 engagiert Kennedy Theodore Sorensen als Assistenten und Redenschreiber. Sorensens Pathos und Kennedys Witz verschmelzen in den gemeinsam geschriebenen Reden zu dem unverwechselbaren «Kennedy-Stil». Dabei ist der 1928 in Nebraska geborene Sorensen politisch das Gegenstück zum katholischen Konservativen aus Massachusetts. Sorensens Vater ist Protestant skandinavischer Abstammung, die Mutter hat russisch-jüdische Wurzeln. Beide Eltern sind in der Frauen- und Friedensbewegung aktiv. Sorensen selbst hat 1945 aus Gewissensgründen den Wehrdienst verweigert und in seinem Heimatstaat eine Ortsgruppe des antirassistischen «Congress of Racial Equality» (CORE) gegründet.

Sorensen ist der erste «Liberale», den Kennedy engagiert. Mit dem, was in Europa unter Wirtschaftsliberalismus oder

Neoliberalismus verstanden wird, hat der amerikanische Liberalismus wenig zu tun. Im Gegenteil: Franklin D. Roosevelt hat den Begriff neu definiert, um seine staatlich gelenkte Reform des Kapitalismus zu umschreiben. Laut Roosevelt ist die Einmischung des Staates ins Wirtschaftsleben deshalb liberal, weil sie ein Gegengewicht schafft zur Macht der Banken und Konzerne; weil sie das Allgemeininteresse gegen Sonderinteressen verteidigt. Amerikanische Liberale haben also mehr mit europäischen Sozialdemokraten gemeinsam als mit Konservativen, Christ- oder Freidemokraten.

Liberale sind in den USA traditionell die Fürsprecher diskriminierter oder vergessener Gruppen: der Schwarzen, Frauen, Homosexuellen, illegalen Einwanderer. Und weil die Juden wissen, dass sich jede Form der Intoleranz früher oder später auch gegen sie richtet, sind die amerikanischen Juden seit jeher mehrheitlich liberal eingestellt. In dem Maße, wie der wachsende Staatsapparat Intellektuelle beschäftigt, wird der Liberalismus besonders zur Ideologie dieser Schicht, ja, er wird – von den Intellektuellen selbst wie von seinen konservativen Gegnern – oft mit Intellektualität in der Politik gleichgesetzt. Das ändert sich erst nach Kennedys Tod, als einige enttäuschte ehemals linke Intellektuelle den «Neokonservatismus» erfinden.

Innerhalb der Demokratischen Partei formieren sich nach dem Zweiten Weltkrieg die Liberalen um Roosevelts Witwe Eleanor zur Organisation «Americans for Democratic Action» (ADA), um die Errungenschaften des «New Deal» zu verteidigen. Zur ADA gehören Intellektuelle wie der Theologe Reinhold Niebuhr, der Ökonom John Kenneth Galbraith und der Historiker Arthur M. Schlesinger, Jr., aber auch der spätere republikanische Präsident – und Leitgestalt der Neokonservativen – Ronald Reagan, damals Vorsitzender der Schauspielergewerkschaft. Gerade vonseiten der ADA wird Kennedy vorgeworfen, er sei kein echter Liberaler, also nicht links genug. Kennedy erwidert, er *wäre sehr gern bereit, ihnen allen zu sagen, dass ich überhaupt kein Liberaler bin. Ich bin nie*

Liberale in den USA und in Deutschland

USA	Deutschland
Für einen starken Staat	Für einen «schlanken» Staat
Skeptisch gegenüber Marktkräften	«Marktliberal»
«Progressiv»:	«Rechtsstaatsliberalismus»:
– Multikulturalismus	– Gleiche Rechte für alle
– Aktive Förderung von Benachteiligten	– Chancengleichheit
– Liberalisierung von Drogen	– Liberalisierung von Drogen
– Abtreibung erlauben	– Abtreibung erlauben
Vorbilder:	**Vorbilder:**
– Thomas Jefferson	– Friedrich Naumann
– Franklin D. Roosevelt	– Theodor Heuss
– Robert Kennedy	– Ralf Dahrendorf
In Deutschland vergleichbar: SPD, Grüne	Keine vergleichbare Partei in den USA; Individuen in beiden großen Parteien

den Americans for Democratic Action [...] beigetreten. Ich fühle mich unter solchen Leuten nicht wohl.[105]

Habituell hat der Millionärssohn in der Tat wenig mit dem linksliberalen Milieu zu tun. Dessen starker Antikatholizismus und – wie er es sieht – nur halbherziger Antikommunismus sind ihm suspekt. Gegenüber Akademikern und Intellektuellen pflegt schon der Vater Joseph Kennedy die leicht verächtliche Haltung des Geschäftsmanns und Praktikers. Und auch John F. Kennedys Haltung zu Roosevelt, dem Säulenheiligen der Liberalen in der Partei, ist von der Feindseligkeit des Vaters geprägt: *Mr. Roosevelt hat einen großen Beitrag zum Untergang des Kapitalismus in unserem Land geleistet, obwohl er das vermutlich [...] bestreiten würde*, notiert er 1945 in seinem Tagebuch. *Er hat das weniger durch die von ihm eingebrachten oder unter seiner Präsidentschaft verabschiedeten Gesetze getan als vielmehr dadurch, dass er mehr Gewicht auf Rechte gelegt hat als auf Verantwortung.*[106] Das ist die klassische konservative Kritik am Sozialstaat.

Als er im Kampf um die Präsidentschaft die Stimmen der Liberalen braucht, rückt Kennedy zwar vom Konservatismus ab, weil *das Wort «konservativ» viele Bedeutungen hat, mit denen ich nicht identifiziert werden will. Genauer wäre «zurückhaltend».*[107] Gegenüber seinem liberalen Biographen Burns versucht er 1959, seine frühere Ablehnung des Liberalismus als jugendliche Verirrung hinzustellen: *Manche Leute haben ihren Liberalismus fertig, wenn sie schon Ende zwanzig sind. Ich nicht. Ich geriet in Gegenströmungen und Strudel.*[108] Doch wenn man auch jedem Politiker und erst recht jedem jungen Menschen einen Lernprozess zugestehen muss, so lassen sich Kennedys beinahe instinktiver Konservativismus und sein entschiedener Antikommunismus nicht einfach als *Gegenströmungen und Strudel* abtun. Im Konflikt um Joe McCarthy gerät Kennedy in einen klaren Gegensatz zu den Liberalen in seiner Partei.

1954 ist für die USA ein revolutionäres Jahr: In seinem Urteil «Brown vs. Board of Education of Topeka» erklärt das Oberste Gericht die Rassentrennung in öffentlichen Schulen für verfassungswidrig. In Memphis, Tennessee, macht ein junger Südstaatler namens Elvis Presley bei «Sun Records» seine ersten Aufnahmen. Seine Verschmelzung weißer und schwarzer Musik wird eine Kulturrevolution auslösen. Und in Washington beschließt der Senat, sein Mitglied Joseph McCarthy wegen seiner an «Lynchjustiz» erinnernden Methoden zu rügen, und leitet damit das Ende der Hexenjagd auf angebliche Kommunisten, Sympathisanten und andere Verräter ein.

Zwar ist McCarthy, wie wir gesehen haben, keineswegs der alleinige Akteur in der Bewegung, die seinen Namen trägt. So wird das berüchtigte Komitee gegen «unamerikanische Umtriebe» (House Un-American Activities Committee HUAC) zu Unrecht mit McCarthy assoziiert. Das HUAC wird ja nicht vom Senat, sondern vom Repräsentantenhaus eingerichtet. Der Angriff gegen Hollywood etwa wird vom HUAC-Mitglied John E. Rankin initiiert, der die Filmmetropole als «Hauptquartier einer der gefährlichsten Verschwörungen zum Sturz der Regierung» und «Brutstätte subversiver Aktivitäten» bezeichnet. In der Folge finden sich bis zu 300 Regisseure, Drehbuchautoren und Schauspieler auf Schwarzen Listen wieder.

McCarthy ist aber der radikalste Hexenjäger und der gefährlichste, weil er mit seinem Senatskomitee die «Operationen der Regierung» selbst unter die Lupe nimmt. Republikaner und konservative Demokraten unterstützen oder dulden ihn, solange es gegen das Erbe Roosevelts und die Administration Trumans geht. So kann McCarthy ungestraft George C. Marshall, Generalstabschef unter Roosevelt und Außenminister unter Truman, Initiator des Marshall-Plans zum Wiederaufbau Europas und Friedensnobelpreisträger, als «Teil einer immensen Verschwörung» gegen die USA diffamieren. Präsidentschaftskandidat Dwight D. Eisenhower, der unter Marshall gedient hat und McCarthys Methoden ablehnt, streicht 1952 eine Passage aus einer Wahlkampfrede, in der er seinen alten Vorgesetzten und Förderer vor den Angriffen des Senators in Schutz nehmen will – sei es aus Opportunismus, sei es aus Angst vor McCarthy.

Nachdem aber die Republikaner das Weiße Haus und den Kongress erobert haben, wird McCarthys fortgesetzte Schnüffelei nach Verrätern und «Perversen» – also Homosexuellen – in der Regierung zu einer Belastung. Als er 1953 seine Untersuchungen auf die Armee ausdehnt, schlägt die Armeeführung mit Billigung Eisenhowers zurück. Die Anhörungen werden im Fernsehen übertragen und von 20 Millionen Amerikanern gesehen. Der Mann, der als Ankläger auf Versammlungen oder in Sitzungen seines Komitees einschüchternd und gefährlich wirkt, erscheint im Medium Fernsehen als paranoid und lächerlich. Die Stimmung schlägt gegen ihn um. Schließlich stellt der republikanische Senator Ralph Flanders einen Missbilligungsantrag gegen seinen Kollegen wegen «ungebührlichen Verhaltens».

Der Antrag stürzt Senator Kennedy in ein Dilemma. McCarthy ist nicht nur ein Freund der Familie. Sein an Paranoia grenzender Antikommunismus wird ja von den Ken-

Joseph McCarthy und Roy M. Cohn, um 1953

nedys geteilt. Schon 1943, als die USA und die Sowjetunion Kriegsverbündete sind, lässt Joe Kennedy den FBI-Direktor J. Edgar Hoover wissen, dass seiner Meinung nach «Kommunisten und ihre Sympathisanten viele Schlüsselpositionen» in Hollywood besetzt hätten. Er sei bereit, Druck auf seine «jüdischen Freunde in der Filmindustrie» auszuüben, damit sie ihm «Informationen über die kommunistische Infiltration» liefern.[109] John F. Kennedy selbst hat im Repräsentantenhaus Kommunisten in den Gewerkschaften aufgedeckt, hat im Senat 1950 für ein Gesetz gestimmt, das die Registrierung aller Mitglieder kommunistischer und «subversiver» Gruppen und ihre Internierung im Kriegsfall vorsieht, und 1952 – zusammen mit dem Liberalen Hubert Humphrey – ein Gesetz durch den Senat gebracht, das die bloße Mitgliedschaft in der Kommunistischen Partei für illegal erklärt. Robert Kennedy hat bis 1953 sogar als Rechtsberater für McCarthys Komitee gearbeitet und mit Roy Cohn, der rechten Hand McCarthys,

Homosexuelle im Außenministerium verfolgt. Schwule gelten nämlich als Sicherheitsrisiko, weil sie wegen ihres damals illegalen Verhaltens angeblich von kommunistischen Spionen erpressbar seien. Ironischerweise ist der Schwulenjäger Cohn selbst homosexuell; er stirbt 1986 an Aids.

Zwar hat sich Robert Kennedy in einer für diesen von moralischen Impulsen getriebenen Mann typischen Kehrtwende kurz vor den Armeeanhörungen angewidert von McCarthy abgewendet. Aber die katholische Kirchenhierarchie steht noch hinter dem Hexenjäger, vor allem die den Kennedys nahestehenden und einflussreichen Kardinäle Richard Cushing und Francis Spellman. «Er ist gegen den Kommunismus, und er tut etwas dagegen», sagt Spellman. «Trotz allen möglichen Extremen oder Fehlern hat meiner Meinung nach nichts den Amerikanern die Übel und die Methoden des Kommunismus so klar vor Augen geführt» wie McCarthys Untersuchungen, sekundiert Cushing.[110] Kennedys irisch-katholische Wähler sind begeisterte McCarthy-Anhänger. Wie kann er McCarthy tadeln?

Kennedy lässt auch das Argument nicht gelten, McCarthy habe dem Ansehen Amerikas in der Welt geschadet. Im Manuskript einer geplanten, aber nicht gehaltenen Rede im Senat heißt es: *Die Feindseligkeit, die außerhalb der Vereinigten Staaten Senator McCarthy entgegengebracht wird, ist meiner Meinung nach nicht hauptsächlich das Ergebnis seiner eigenen Handlungen, wie besorgniserregend diese auch sein mögen; er gibt lediglich ein leichtes Ziel für diejenigen ab, die das Prestige und die Macht der Vereinigten Staaten angreifen möchten. […] Diese unablässige Feindseligkeit gilt uns als Führern der Freien Welt, nicht einem einzelnen Mann oder einer einzelnen Handlung.*[111]

Als McCarthys Handlungen vom Senat am 2. Dezember 1954 schließlich nicht nur missbilligt, sondern mit 67 zu 22 Stimmen «verurteilt» werden, ist John F. Kennedy der einzige Demokrat, der nicht nur dieser Abstimmung fernbleibt, sondern auch keinen Gebrauch von seinem Recht macht, dem Senat sein Abstimmungsverhalten zu signalisieren.

Für seine Nichtanwesenheit hat er allerdings einen stichhaltigen Grund. Bereits am 10. Oktober 1954 ist er in ein Washingtoner Krankenhaus eingeliefert worden, wo er am 21. Oktober am Rücken operiert wird. Bis zum Februar 1955 bleibt er im Krankenhaus. Es sind die dunkelsten Monate seines Lebens. Die Operation ist unaufschiebbar: Kennedy kann seit dem Frühjahr 1954 kaum noch ohne Krücken gehen, längeres Stehen wird ihm zur Qual, er kann sich nicht selbst anziehen. Trotz größter Bedenken wegen seiner Addison-Krankheit entschließen sich die Ärzte zur Operation, weil «der junge Mann ohne chirurgischen Eingriff zum Krüppel geworden wäre»[112]. Aufgrund der vermutlich durch die Steroide hervorgerufenen, weit fortgeschrittenen Bandscheibendegeneration ist eine Lumbosakralfusion nötig, eine Verschweißung der Lendenwirbelsäule mit dem Kreuzbein; darüber hinaus soll zur Versteifung und Stärkung des Rückens eine Metallplatte eingesetzt werden.

Die Operation verläuft erfolgreich, es gibt aber wegen des geschwächten Immunsystems, wie von den Ärzten befürchtet, «postoperative Komplikationen»: eine Infektion der Harnwege, die auf Antibiotika nicht anspricht. Kennedy fällt in ein Koma, die Familie wird herbeigerufen, ein Priester gibt ihm die Letzte Ölung. Er stirbt nicht, erholt sich aber nur sehr langsam. Auch die Metallplatte führt zu Infektionen und muss am 10. Februar in einer erneuten Operation entfernt werden, die eine zweite Krise hervorruft. Wieder erhält er die Letzte Ölung. Erst am 24. Mai 1955 kann Kennedy seinen Sitz im Senat wieder einnehmen.

Bedeutet aber Kennedys Krankenhausaufenthalt, dass er nicht in der Lage gewesen wäre, seine Position zu McCarthy dem Senat mitzuteilen? Nein. Im Dezember 1954 ist er zwar krank, aber nicht zu krank, um Besucher zu empfangen oder zu telefonieren. Sorensen sitzt nach eigenem Bekunden in Kennedys Büro, um den erwarteten Anruf entgegenzunehmen. Er kommt nicht. Kennedy will sich an der Verurteilung McCarthys nicht beteiligen. Dieses Verhalten begründet ein nachhaltiges Misstrauen der Liberalen gegen Kennedy, das Kennedy mit einer Reihe von Ausflüchten auszuräumen versucht: *Sie müssen begreifen, dass ich solche Menschen, wie sie vor McCarthys Komitee geholt wurden, vorher nie gekannt hatte. Ich bin auch der Meinung, dass viele von ihnen ernsthaft misshandelt wurden, aber für mich stellten sie eine andere Welt dar. Ich meine, ich identifizierte mich nicht mit ihnen, also regte ich mich nicht so auf, wie es andere Liberale taten. [...] Es gab diesen ganzen Druck von der Familie. [...] Und, um ehrlich zu sein, ich glaubte, McCarthy würde nach und nach von selbst verschwinden.*[113] Ja, er stellt sogar seine Loyalität zum einstigen Freund und politischen Weggefährten, der 1957 an Alkoholismus stirbt, als Beweis der eigenen Integrität hin: *Da ich zu seinen Lebzeiten nie besonders aktiv gegen McCarthy gewesen war, würde ich vollends als politischer Prostituierter erscheinen, wenn ich nichts Eiligeres zu tun hätte, als meinen Standpunkt zu ändern und ihn zu denunzieren, da er politisch erledigt war.*[114] Vielleicht. Doch das entscheidende Motiv ist Angst vor den eigenen Wählern: *Was hätte ich tun sollen – Harakiri begehen?*[115]

In seinem Buch *Zivilcourage* hat Kennedy jenen Politikern ein literarisches Denkmal errichtet, die genau dazu bereit waren, wenn es um Gewissensentscheidungen ging, und den Opportunismus in der Politik kritisiert: *Manche bewundern den Mut als Tugend bei anderen und als etwas, das es früher einmal gegeben hat, ohne seine gegenwärtigen Wirkungsmöglichkeiten zu erfassen.* Als *Profiles in Courage* Anfang 1956 erscheint, liegt McCarthys Sturz gerade mal ein Jahr zurück. Eleanor Roosevelt merkt giftig an, dem Autor würde «weniger Profil und mehr Courage» guttun.[116]

Solcher Häme zum Trotz wird das Buch ein Bestseller. Es trifft den Nerv der Zeit. Nach den Exzessen des McCarthyismus leidet das Land an einer Katerstimmung. Die Erfolge des Kommunismus und das Gefühl, dem Kapitalismus fehle es an Werten, lassen viele Amerikaner am eigenen politischen System verzweifeln. In dieser Situation verkündet Kennedy sein Vertrauen in die Fähigkeit Amerikas, Individuen hervorzubringen, die gegen *politische Denkfaulheit, traditionelle Denkformen* anzukämpfen und sich sogar mit *der in der Nation vorherrschenden Stimmung herumzuschlagen* bereit sind.[117]

Im Zentrum des Buches stehen acht Senatoren, die ihre politische Karriere ihren Grundsätzen zum Opfer bringen. Unter ihnen sind Demokraten und Republikaner; allen gemeinsam ist aber, dass sie Unabhängigkeit nicht nur ihren Wählern, sondern vor allem ihren Parteien gegenüber demonstrieren. Diese Überparteilichkeit reklamiert Kennedy als sein Erbe: *Freilich wäre es viel leichter, sich in den traditionellen Denkformen weiterzubewegen: als Liberale und Konservative, als Republikaner und Demokraten, als Anhänger der Südstaaten und des Nordens, als Arbeitgeber und Arbeitnehmer, als Produzenten oder Konsumenten [...]. Gerade heute aber kann sich die Nation den Luxus politischer Denkfaulheit nicht leisten.*[118]

Das erinnert an die Kritik der *Gruppeninteressen* in *Why England Slept*, wo Kennedy schrieb, im Kampf gegen einen totalitären Feind müsse die Demokratie ihrerseits eine Art *freiwilligen Totalitarismus* entwickeln. Ähnliche Gedanken werden auch in seiner Rede zur Amtseinführung als Präsident auftauchen. Kennedy begreift wohl nie ganz, dass die angebliche *Schwäche* der Demokratie in Wirklichkeit ihre größte Stärke ist; dass sie gerade im Kampf gegen totalitäre und autoritäre Feinde – und Versuchungen im Inneren – nicht auf das offene Austragen von Interessengegensätzen verzichten darf. Freilich sind die Kritik herkömmlicher Parteipolitik und der Appell an übergeordnete, höhere Ziele in Zeiten der Verunsicherung bis heute populär, nicht nur in den USA. Das Pulitzer-Preis-Komitee schließt sich der Stimmung im Land an, als es 1956 dem Autor von *Profiles in Courage* den Preis in der Sparte Biographie zuerkennt.

Der Begriff «Autor» muss dabei vorsichtig verwendet werden, denn das Buch entsteht genau zu der Zeit, als Kennedy angeblich zu krank ist, um dem Senat seine Entscheidung über McCarthy mitzuteilen. Tatsächlich fungiert Kennedy – mit Hilfe des Telefons und eines Diktiergeräts – hauptsächlich als Ideengeber und Redakteur. Der größte Teil der Arbeit wird von Sorensen geleistet.

Trotz des Misstrauens der Liberalen etabliert sich Kennedy mit *Zivilcourage* als kommender Mann der Partei. 1956 steht eine Präsidentschaftswahl an, bei der Adlai Stevenson zum zweiten Mal gegen Dwight D. Eisenhower antreten will. Kennedy strebt die Nominierung als Kandidat für die Vizepräsidentschaft an. Stevenson zögert: «Ich mag Jack Kennedy, bewundere ihn, aber: Er ist zu jung; sein Vater; seine Religion.» [119] Die Religion ist der Haupteinwand. Im Präsidentschaftswahlkampf 1928 hat der Katholik Al Smith gegen Herbert Hoover verloren, und seitdem gilt es als Axiom der Politik, dass die Amerikaner keinen Katholiken im Weißen Haus wollen.

Um dieses Vorurteil zu entkräften, erarbeitet Sorensen eine Studie und lässt sie – damit sie nicht allzu deutlich als Bewerbungsschreiben Kennedys erscheint – vom Parteifunktionär John Bailey verteilen. Das «Bailey-Memorandum» untersucht die Situation in vierzehn für die Wahl entscheidenden Bundesstaaten. Die Demokraten haben 1940 dreizehn, 1944 zwölf, 1948 acht, 1952 aber keinen davon gewonnen. Da Katholiken in diesen Staaten zwischen 20 und 60 Prozent der Bevölkerung ausmachen, würde es reichen, jene Katholiken wiederzugewinnen, die 1948 noch für Truman, 1952 aber für Eisenhower gestimmt haben, um die Verhältnisse zu kippen. Der liberale Adlai Stevenson, so die Schlussfolgerung, braucht einen Mitbewerber, der katholisch, militant antikommunistisch und für die Südstaaten akzeptabel ist. Die befinden sich damals fest in der Hand der Demokratischen Partei, die dort die Partei der Rassentrennung ist. Kennedy erfüllt alle drei Bedingungen. Er sei zwar «zu sehr Neuengländer – und Politiker –, um die Position des Südens in der Rassenfrage zu übernehmen», schreibt eine Zeitung aus Birmingham in Alabama, «aber er wird nie so fanatisch gegen uns sein wie [der Chef der Automobilarbeiter-Gewerkschaft Walter] Reuther oder [Vizepräsident Richard] Nixon.» [120]

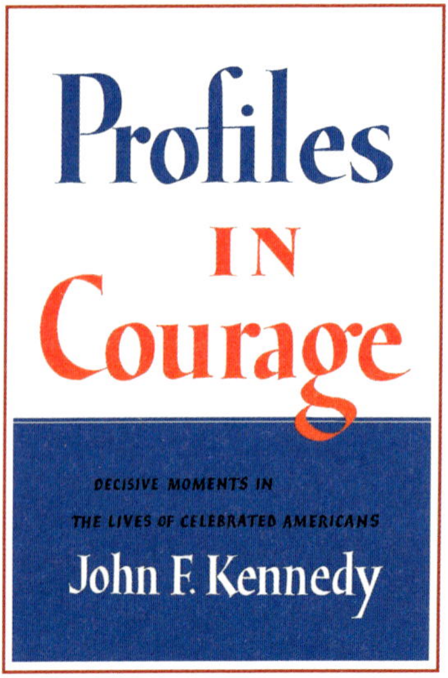

Die Erstausgabe von «Profiles in Courage», 1955

Stevenson kann sich aber nicht zur Nominierung Kennedys durchringen und überlässt die Wahl den Parteitagsdelegierten. Kennedy erhält viele Stimmen aus dem Süden; so führt der mächtige Senator Lyndon B. Johnson die texanische Delegation geschlossen ins Kennedy-Lager. In der entscheidenden Abstimmung unterliegt Kennedy aber einer Koalition von städtischen Liberalen aus dem Nordosten und Farmern aus dem Mittleren Westen, die er durch die Ablehnung höherer Subventionen verärgert hat. Im Tumult eilt Kennedy zum Podium und schlägt vor, seinen Rivalen Estes Kefauver im Interesse der Einheit der Partei per Akklamation zu nominieren. Millionen Fernsehzuschauer sind Zeugen dieser großzügigen – und politisch geschickten – Geste, die Kennedys Ruf als neuen Typus von Politiker festigt, der über den Fraktionskämpfen und Interessengegensätzen steht.

Bei der Wahl 1956 werden Stevenson und Kefauver von Eisenhower und Nixon vernichtend geschlagen. Kennedy sinniert: *Joe war der Star der Familie. Er machte alles besser als wir anderen. Wenn er gelebt hätte, wäre er in die Politik gegangen, und er wäre ins Repräsentantenhaus und in den Senat gewählt worden, wie ich es wurde. Und wie ich hätte er versucht, die Nominierung auf dem Parteitag 1956 zu bekommen, aber anders als ich wäre er nicht geschlagen worden. Und dann wären er und Stevenson von Eisenhower geschlagen worden, und heute wäre Joes politische Karriere ruiniert, und er wäre dabei, die Scherben aufzusammeln.*[121]

Der Kampf ums Weiße Haus

Besser als Elvis

Nach dem Parteitag fliegt Kennedy an die Riviera, um mit einigen Freunden und hübschen Mädchen zwei Wochen auf einer Yacht im Mittelmeer zu verbringen. Dort erreicht ihn die Nachricht, dass Jacqueline eine Fehlgeburt erlitten hat: ihre zweite. Trotzdem hat er es nicht eilig, nach Hause zu kommen. Tief verletzt zieht Jacqueline nach dem Krankenhausaufenthalt zu ihrer Mutter. Eine Trennung würde die politische Karriere Kennedys zerstören; angeblich bietet ihr Joseph Kennedy eine Million Dollar, um bei seinem Sohn zu bleiben. Jacqueline kehrt in das gemeinsame Washingtoner Haus zurück, und als die Tochter Caroline am 27. November 1957 durch Kaiserschnitt zur Welt kommt, ist Kennedy an ihrer Seite. Er ist 40 Jahre alt.

Freilich bedeuten die Rettung seiner Ehe und die Geburt der Tochter nicht, dass Kennedys Affären aufhören. Seine Schwester Patricia hat den englischen Schauspieler Peter Lawford geheiratet, der zusammen mit Frank Sinatra, Dean Martin und Sammy Davis Jr. zur «Rat Pack» gehört. Deren alkohol- und drogengesättigte Partys in den Nachtclubs von Hollywood, Las Vegas und New York sind ebenso legendär, wie deren Beziehungen zur Unterwelt berüchtigt sind. Sinatra wird zu einem Freund, der Kennedy mit Filmsternchen und Partymädchen versorgt, darunter Judith Campbell, die eine längere Affäre mit Kennedy hat und zugleich die Mätresse der Mafia-Bosse Sam Giancana und Johnny Roselli ist. Da sie vom FBI überwacht wird, gewinnt J. Edgar Hoover weiteres Material für seine Kennedy-Akte.

Kennedys Sexsucht gefährdet zwar seine Karriere; seine Wirkung auf Frauen aber bleibt auch nach seiner Ehe eine seiner wichtigsten politischen Waffen. Im Wahlkampf 1956 etwa blockieren Schülerinnen in Louisville sein Auto, kreischen und schreien: «Wir lieben dich!» Und: «Du bist besser als Elvis Presley!»

Glaubensfragen

In der Demokratischen Partei ist nach dem Parteitag von 1956 allen klar, dass Kennedy beim Wahlkampf 1960 eine wichtige Rolle spielen wird. Noch sieht ihn aber niemand als Präsidentschaftskandidat. 1954 haben die Demokraten die Mehrheit im Senat zurückerobert. Deren Fraktionsführer Lyndon B. Johnson, zweitmächtigster Mann in den USA nach Präsident Eisenhower, rechnet sich für 1960 die besten Chancen aus. Kennedy sieht er bereits als seinen Vizepräsidenten und verschafft ihm einen Sitz im angesehenen außenpolitischen Ausschuss des Senats. Kennedy allerdings hat andere Pläne: *Wenn wir wie verrückt die nächsten vier Jahre arbeiten, werden wir alle in den Sack stecken.*[122] Die zu verfolgende Strategie hat Kennedy in seinem Buch *Zivilcourage* am negativen Beispiel des Republikaners Howard Taft entwickelt, der die Präsidentschaft verfehlte, weil er *so fest zu seinen Grundsätzen stand, dass ihn nicht einmal die Verlockung des Weißen Hauses […] davon abhielt, sich zu seinen Grundsätzen zu bekennen. […] Ihm war bewusst, dass er nur dann hoffen konnte, sein Ziel zu erreichen, wenn er neuen Wählerblöcken genügend schmeichelte und gleichzeitig alles vermied, das geeignet war, ihn mit irgendeiner Gruppe zu verfeinden, der mögliche Taft-Wähler angehörten.*[123]

Angesichts der Gegensätze, die Ende der 1950er Jahre in den USA aufbrechen, gleicht das Vorhaben, es mit keiner potenziellen Wählergruppe zu verderben, der Quadratur des Kreises. Vor allem die «Rassenfrage» entzweit das Land und auch die Demokratische Partei. Denn im Süden, wo ein Jahrhundert nach dem Bürgerkrieg die Republikanische Partei Abraham Lincolns für die meisten Weißen immer noch nicht wählbar ist und die Rassentrennung zur weißen Leitkultur gehört, verteidigen die Demokraten die Vorherrschaft der

Weißen. Im Namen der «Rechte der Bundesstaaten» gegenüber der Zentralregierung werden Gesetze und Verordnungen verteidigt, die Schwarze von guten Schulen und Universitäten, von Restaurants, Hotels, Fast-Food-Theken, Theatern, Kinos, Wartesälen und Toiletten ausschließen, die «nur für Weiße» da sind. Bestimmungen, die fast ausschließlich dazu da sind, Schwarze von der Wahl auszuschließen, wie etwa Wahlsteuern und willkürlich auslegbare «Bildungstests», sorgen dafür, dass dieses Apartheidsystem aufrechterhalten wird – und sichern den Demokraten als Partei der Rassentrennung die politische Vorherrschaft. Wo die Gesetze nicht reichen, sorgen Organisationen wie der Ku-Klux-Klan mit Terror dafür, dass die Schwarzen sich nicht organisieren, um ihre Rechte durchzusetzen.

Die Liberalen aus dem Norden und Westen schimpfen auf die Rassisten in der eigenen Partei, vermeiden aber den Bruch, weil sie bei einer Parteispaltung die politische Bedeutungslosigkeit befürchten. Sie trösten sich mit der Lebenslüge, dass die sozialen Verbesserungen, für die ihre Partei seit den Tagen Roosevelts streitet, auch das Los der Schwarzen allmählich verbessern und damit ihre Emanzipation befördern wird; und mit der Hoffnung, das Apartheidsystem werde als Ergebnis besserer Bildung auch der weißen Unterschicht und höherer Einsicht seitens der Politiker nach und nach verschwinden. Mitte der 1950er Jahre gerät aber mit dem System der Rassendiskriminierung auch der verlogene Kompromiss, der die Partei bisher zusammengehalten hat, ins Wanken.

Nach dem Urteil des Obersten Gerichts gegen die Rassentrennung in öffentlichen Schulen versuchen schwarze Schülerinnen und Schüler, ihr Recht auf Bildung wahrzunehmen; weiße Rassisten antworten mit Terrorakten und gewalttätigen Demonstrationen. So auch 1957 an der Highschool von Little Rock in Arkansas, wo ein weißer Mob schwarzen Schülern den Weg zur Schule versperrt. Da sich die örtliche Polizei weigert, gegen die Weißen vorzugehen, muss Eisenhower das Militär einsetzen. Little Rock rührt an das Gewissen der Nation. Dem Senat liegt der Entwurf eines neuen Bürgerrechtsgesetzes vor. Die Situation erinnert an die Abstimmung über McCarthy. Dieses Mal kann sich Kennedy nicht entziehen. Zivilcourage ist gefordert.

Kennedy steht wieder vor einem Dilemma: *Die Südstaatler waren verdammt nett zu mir auf dem Parteitag.*[124] An den Gouverneur von Mississippi schreibt er, nie sei er *in irgendeiner Form «gegen den Süden» gewesen. Ich habe ein Gutteil meines Lebens im Süden gewohnt, wo meine Eltern seit 25 Jahren ihre Stimmen abgegeben haben.*[125] (Gemeint ist das Winteranwesen der Familie in Florida.) Im Gegenzug erklärt der Gouverneur: «Der Süden mag Kennedy.»[126] Bei der Verabschiedung des Bürgerrechtsgesetzes stimmt Kennedy zusammen mit den Vertretern der Südstaaten, darunter Johnson, für einen Zusatz, der bei Verletzungen der Bürgerrechte – etwa wenn einem Schwarzen die Eintragung in die Wählerliste oder der Zugang zum Wahllokal verweigert wird – ein Verfahren vor einem örtlichen Geschworenengericht vorsieht. Damals sind die Geschworenen bei Verfahren gegen Weiße laut Gesetz ebenfalls Weiße und fast nie bereit, einen Weißen schuldig zu sprechen, wenn der Kläger schwarz ist. Die Verabschiedung des Zusatzes nennt Vizepräsident Nixon deshalb «eine Abstimmung gegen das Wahlrecht»[127].

Kennedy hingegen erklärt: *Ich halte es für einen Fehler, dogmatisch auf der Reinheit der ursprünglichen Vorlage zu bestehen unter Gefährdung ihres weitergehenden Ziels.*[128] Immerhin hat das Gesetz das Prinzip gleicher Bürgerrechte für alle zum ersten Mal seit dem Bürgerkrieg bestätigt. Liberale und Schwarze sind dennoch empört. Kennedy reagiert zynisch: *Die Raketen gehen hoch, und es gibt drei oder vier Wochen Feuerwerk, dann vergessen die Leute wieder, weil sie so viele eigene Probleme haben.*[129]

Wie er weiß, bietet seine Popularität das beste Argument gegen die innerparteilichen Gegner. Bei den Senatswahlen 1958 bekommt Kennedy 73,6 Prozent der abgegebenen Stimmen – die größte Mehrheit, die je ein Bewerber um ein politisches Amt in Massachusetts erreicht hat. Derweil läuft gemäß der Strategie des permanenten Wahlkampfs die Kennedy-Organisation auf Hochtouren, um in allen Bundesstaaten, unabhängig von der Partei, Unterstützerkomitees aufzubauen. Nichts ist so erfolgreich wie der Erfolg, besagt ein amerikanisches Sprichwort: Nun beeilen sich auch Liberale, auf den Kennedy-Zug aufzuspringen. «Ich bin wohl, nostalgisch betrachtet, für Stevenson, ideologisch für Humphrey und realistisch für Kennedy», erklärt zum Beispiel der bis dahin kritische Parteitheoretiker und Historiker Schlesinger.[130]

Intellektuelle, das weiß Kennedy auch, bleiben so lange skeptisch gegenüber der Macht, bis man ihnen anbietet, daran teilzuhaben. So organisiert Sorensen ein «akademisches Beratungskomitee», in dem unter anderen Schlesinger, die Wirtschaftswissenschaftler John Kenneth Galbraith, Paul Samuelson und Seymour Harris, die Politikwissenschaftler Jerome Wiesner, Walt Rostow, Daniel Ellsberg und Henry Kissinger Positionspapiere für Kennedy erarbeiten. Auch nach dem Wahlsieg bleiben diese hochintelligenten und ehrgeizigen Akademiker Kennedy verbunden und tragen zum Mythos bei, im Weißen Haus unter Kennedy habe nicht «politics as usual» geherrscht, sondern eine ganz neue, intellektuelle und rationale Herangehensweise an die Probleme des 20. Jahrhunderts.

Am 2. Januar 1960 erklärt Kennedy, dass er sich um das Amt des Präsidenten der Vereinigten Staaten von Amerika bewirbt und dass er unter keinen Umständen die Nominierung als Vizepräsident akzeptieren werde. Hinter dieser Kampfansage steht der Vater, der schon 1956 seinem Sohn von der Vizepräsidentschaft abgeraten hat: «Für die Kennedys heißt es das Scheißhaus oder das Schloss. Dazwischen gibt es nichts.»[131] Der Einfluss Joseph Kennedys auf seinen Sohn ist für viele Liberale nach wie vor ein Problem. Der Kandidat leugnet den Einfluss auch nicht, sondern tut ihn vor Journalisten mit einem Witz ab: *Ich habe gerade ein Telegramm von meinem großzügigen Vater erhalten: «Lieber Jack – kaufe keine*

Washington: Blick auf das Kapitol und, in der Ferne, das Washington-Denkmal

Stimme mehr als notwendig – der Teufel soll mich holen, wenn ich einen Erdrutschsieg bezahle.»[132] Ohne Geld ist damals wie heute in den USA kein Wahlkampf zu führen. Andererseits ist die Nominierung auch nicht zu kaufen. Die Delegierten werden am Ende für den Kandidaten stimmen, der ihrer Meinung nach die größten Erfolgschancen hat – und der ihre Loyalität nach dem Wahlsieg durch Posten in der Regierung, staatliche Aufträge und Subventionen für die örtliche Industrie usw. belohnen wird.

1960 steht der Nominierungsparteitag der Demokraten im Schatten zweier Männer, die ihre Kandidatur gar nicht erklärt haben: Es sind der Liebling der Liberalen, Adlai Stevenson, der zweimal gegen Eisenhower verloren hat und nun, da sich die politische Stimmung im Land dreht, auf den erneuten Ruf der Partei wartet; und der Kandidat der Südstaaten, Lyndon B. Johnson, der seit Jahren mittels seiner Kontrolle der Legislativen ein Patronage-Netzwerk aufgebaut hat und ebenfalls damit rechnet, von der Partei gerufen zu werden. Dem Außenseiter Kennedy bleibt nur die Strategie, bei den Vorwahlen in möglichst vielen Bundesstaaten anzutreten und so viele Delegiertenstimmen zu sammeln, dass er sich dem Parteitag als Siegertyp präsentieren kann, der das Weiße Haus für die Demokraten zurückerobern wird.

Es gibt gewichtige Einwände gegen seine Kandidatur. Kennedy ist erst 43 Jahre alt und hat noch nie ein Regierungsamt innegehabt. Jeder Bürgermeister versteht mehr von der Technik des Regierens als er. Im Senat ist er durch häufige Abwesenheit und durch Opportunismus aufgefallen. Sein Vater gilt weiterhin als Belastung. Vor allem aber bildet seine Religion ein Hindernis.

Al Smiths Kandidatur 1928 ist von einer Welle antikatholischer Emotionen begleitet worden. Deshalb sind über dreißig Jahre später auch viele katholische Kirchenleute und Politiker skeptisch gegenüber Kennedy. Der Hauptvorwurf gegen die Katholiken ist nicht der Inhalt ihres Glaubens, obwohl der Marien- und Heiligenkult rechtgläubigen Protestanten als «ernste Sünde» erscheint, wie die Ehefrau von Al Smiths Gegner Herbert Hoover meinte.[133] Es ist vielmehr ihr Patriotismus, der in Frage gestellt wird: *Die Menschen haben Angst, dass Katholiken von einer höheren Organisation Befehle entgegennehmen.*[134] So behauptet der ranghohe Freimaurer Elmer E. Rodgers bei einer Anhörung vor dem Repräsentantenhaus 1947, die amerikanischen Katholiken würden vom Vatikan gesteuert, dem es darum gehe, «unsere Freiheiten zu zerstören und ihre Theokratie als Weltregierung weiter auszudehnen»[135]. Jenseits solcher Weltverschwörungstheorien fragen sich viele Protestanten, ob jemand, der dem Papst Gehorsam schuldet, es mit der Trennung von Staat und Kirche ernst meinen könne. Dr. Ramsey Pollard, Präsident der mächtigen «Southern Baptist Convention», meint, er könne nicht «den Mund halten, wenn sich ein von der katholischen Kirche kontrollierter Mann um die Präsidentschaft bewirbt». Die «National Association of Evangelicals», die 34 verschiedene Gruppierungen vertritt, drückt ihre «Zweifel» darüber aus, ob ein katholischer Präsident «dem Druck der Kirchenhierarchie» widerstehen könne oder wolle.[136] Auch der «American Council of Christian Churches» verabschiedet eine Resolution gegen einen Katholiken als Präsident. Kennedy, der als Katholik amerikanische Kommunisten als Agenten einer fremden Macht verfolgt hat, wird nun als Katholik Opfer protestantisch-patriotischer Paranoia, die in ihm den Agenten einer fremden Macht argwöhnen.

Es gibt einen alten Spruch in Boston, sagt Kennedy schon 1947: *Unsere Religion kriegen wir aus Rom, unsere Politik von hier.*[137] Das hat natürlich schon damals nicht gestimmt. Die Haltung des Vaters zu Nationalsozialismus und Faschismus ist untrennbar verbunden mit der Politik von Papst Pius XII. Und Kennedys konservative Skepsis gegenüber *dem großen Leviathan, dem Staat*, hat er ja, ebenso wie seinen Antikommunismus, selbst mit der Haltung seiner Kirche begründet.

Deshalb wirkt der Versuch, sauber zwischen privatem Glauben und politischem Amt zu trennen, ein wenig bemüht: *Der Papst spricht als Oberhaupt der katholischen Kirche. Mein Glaube ist meine persönliche Angelegenheit, und es erscheint nicht vorstellbar, ja, es ist unmöglich, dass meine Pflicht […], die Verfassung zu achten und zu schützen, durch irgendetwas verändert werden könnte, was der Papst sagt oder tut. Welche Kirche ich sonntags besuche, an welche Dogmen der katholischen Kirche ich glaube – das ist meine Privatsache, und der Glaube jedes anderen Amerikaners ist seine Privatsache.*[138] Im Sinne der Trennung von Kirche und Staat spricht er sich sogar gegen staatliche Zuschüsse für konfessionelle Schulen aus und gegen ein gesetzliches Verbot der Verhütung, beides Forderungen der katholischen Kirche in Amerika: *Ich glaube auch, dass diejenigen, die bezüglich des Gebrauchs von Verhütungsmitteln keine reli-*

giösen oder moralischen Skrupel haben, in ihrer Wahlfreiheit nicht eingeschränkt werden sollten, schreibt er an eine Wählerin.[139] In einem Interview mit der Zeitschrift «Look» stellt Kennedy seine Pflichten aus der Verfassung über sein Gewissen als Katholik: *Welcher Religion man auch immer in seinem Privatleben anhängen mag, für den Amtsinhaber geht nichts über seinen Eid, die Verfassung in allen ihren Teilen zu schützen – einschließlich des ersten Verfassungszusatzes* (der die Einrichtung einer Staatsreligion verbietet und gleichzeitig die freie Religionsausübung garantiert) *und der strikten Trennung von Kirche und Staat.*[140]

Freilich geht dieser Versuch, die Religion als reine Privatsache darzustellen, vielen Katholiken zu weit. So schreibt die Wochenzeitschrift der Jesuiten: «Mr. Kennedy glaubt nicht wirklich daran. Kein religiöser Mensch, sei er Katholik, Protestant oder Jude, hat eine solche Meinung.»[141] Und die Zeitschrift «Ave Maria» meint: «Es gibt sehr wohl etwas, das über der Pflicht steht, die Verfassung zu schützen – nämlich das Gewissen [...]. Das Gewissen in das ‹Privatleben› abzuschieben ist nicht nur unrealistisch, sondern gefährlich.»[142]

Angesichts solcher Angriffe von Katholiken scherzt Kennedy: *Jetzt verstehe ich, warum Heinrich VIII. [von England] seine eigene Kirche gegründet hat.*[143] Doch muss er auch die Richtigkeit des Arguments anerkennen, dass ein religiös geprägter Mensch sein Gewissen nicht der Staatsräson opfern dürfe. Vor der Vereinigung Protestantischer Geistlicher in Houston, Texas, sagt er am 12. September 1960 zwar: *Ich bin nicht der katholische Präsidentschaftskandidat, ich bin der Präsidentschaftskandidat der Demokratischen Partei, der zufällig katholisch ist. In öffentlichen Angelegenheiten spreche ich nicht für meine Kirche, und meine Kirche spricht nicht für mich.* Er beteuert aber: *Sollte jemals der Zeitpunkt kommen, dass mein Amt von mir eine Wahl zwischen meinem Gewissen und dem nationalen Interesse fordert, dann würde ich zurücktreten.*[144]

Kann er damit die Wähler überzeugen? Zwar gewinnt Kennedy den Vorwahlkampf gegen den Protestanten Hubert Humphrey im Bundesstaat Wisconsin, aber die Wahlanalyse zeigt, dass die Menschen dort vorwiegend nach Konfession abgestimmt haben. Deshalb wird die Vorwahl im überwiegend protestantischen West Virginia zum entscheidenden Test der Frage, ob ein Katholik als Präsident für Protestanten wählbar ist. Als Kennedy dort fast doppelt so viele Stimmen erhält wie Humphrey, scheint die «religiöse Frage» erledigt. Weitere Vorwahlsiege folgen, und als Kennedy am 9. Juli 1960 von 2000 kreischenden Mädchen in Los Angeles empfangen wird, wo der Parteitag der Demokraten stattfindet, ist ihm die Nominierung so gut wie sicher.

Dort versucht Lyndon B. Johnson im letzten Augenblick, Kennedys Kandidatur durch Hinweise auf seine geheim gehaltene Addison-Krankheit zu verhindern. Kennedy tut sie hier wie später mit einer schlichten Lüge ab: *Ich habe nie die Addison-Krankheit gehabt [...], und mein Gesundheitszustand ist ausgezeichnet.*[145] Er kontert mit einem persönlichen Angriff gegen Johnson, der 52 Jahre alt ist und bereits einen Herzinfarkt erlitten hat: Die Präsidentschaft verlange *die Kraft und die Gesundheit und die Energie junger Männer*[146]. Auch der Versuch des liberalen Flügels, mit einer Blitzkampagne für Stevenson die «Kennedy-Dampfwalze» zu stoppen, scheitert: Kennedy wird im ersten Wahlgang mit 806 Stimmen nominiert; Johnson erhält 409 Stimmen, Stevenson erniedrigende 79,5.

Die Liberalen haben kaum Zeit, sich damit zu trösten, dass der Neuengländer Kennedy immer noch besser sei als der Südstaatler Johnson, da gibt der Kandidat seine Wahl des Vizepräsidentschaftskandidaten bekannt: Lyndon B. Johnson aus Texas.

Die Empörung auf dem linken Flügel ist groß und lautstark. Denn Johnson hat seit 1954 seine fast allmächtige Stellung im Senat dazu benutzt, jede durchgreifende Bürgerrechtsgesetzgebung zu blockieren. Vielen Liberalen gilt er als Inbegriff eines reformresistenten Rassisten. Kennedy versucht sie zu beruhigen, indem er auf die Machtlosigkeit des Vizepräsidenten verweist: *Es ist kein beneidenswerter Ausblick für den zweiten Mann, nur dann Einfluss auf den Gang der Dinge auszuüben, wenn ich sterben sollte.*[147] Das sieht Johnson freilich ein wenig anders: «Ich hab's nachgeschlagen: Jeder vierte Präsident ist im Amt gestorben», sagte er zu Clare Boothe Luce, der Frau des Verlegers Henry Luce. «Ich bin eine Spielernatur, Liebes, und dies ist meine einzige Chance.»[148]

Auch Kennedy hat nachgeschlagen und sich ausgerechnet, dass er ohne den geschlossenen Block der Südstaaten nicht gewinnen kann. Der Texaner deckt diese «Südflanke» ab und gibt ihm damit die Möglichkeit, sich im Wahlkampf rhetorisch den noch skeptischen liberalen und schwarzen Wählern im Norden weiter anzunähern. Johnsons Nominierung ist also rein taktisch motiviert, und Joe Kennedy hat recht, als er seinem wegen des Aufstands der Liberalen niedergeschlagenen Sohn sagt: «Mach dir keine Sorgen, Jack. In zwei Wochen werden sie sagen, das sei das Cleverste, was du je gemacht hast.»[149]

Tatsächlich ist diese Personalentscheidung, was damals niemand ahnen kann, die wichtigste, die Kennedy getroffen hat. Dabei hat nicht nur er Johnsons Charakter verkannt. Der Sohn eines verarmten Farmers aus der Grenzregion zu Mexiko ist ein Bewunderer Franklin D. Roosevelts, der zuerst Johnsons politische Begabung erkannt und ihn gefördert hat. Der ehemalige Grundschullehrer bringt nicht nur die Ressentiments und das Minderwertigkeitsgefühl eines Aufsteigers ins politische Geschäft. Er glaubt an die Kraft der Erziehung, versteht den Ehrgeiz der kleinen Leute und ist viel stärker als Kennedy moralisch empört über das Unrecht der Rassentrennung.

Um in Texas politisch Karriere zu machen und im Senat die Stellung zu gewinnen, die er als Sprungbrett ins Weiße Haus betrachtet, ist er jedoch einem Kampf um die Bürgerrechte, den er angesichts der Machtverhältnisse im Süden für aussichtslos hält, immer ausgewichen. Den Wählern, Geldgebern und Strippenziehern in Texas empfiehlt er sich als Taktiker, der den Liberalen zuweilen nach dem Mund redet, aber jeden gesetzgeberischen Vorstoß im Senat durch Verzögerung und Verwässerung sabotiert. Verstellung und Verbiegung sind der Preis der Macht.

Doch als Kennedy drei Jahre nach seiner Nominierung ausgerechnet in Johnsons Heimatstaat Texas ermordet wird und die Wette des Spielers auf das Weiße Haus aufgeht, nutzt er die Bestürzung und Scham im Land aus, um ein umfassendes Bürgerrechtsgesetz durch den Kongress zu peitschen. Mit seinem Programm der «Großen Gesellschaft» und des «Krieges gegen die Armut» wird Johnson das radikalste soziale Reformwerk seit dem «New Deal» auf den Weg bringen, sich den Ruf eines großen Präsidenten verdienen – und alles im Dschungel von Vietnam verspielen.

«Superman kommt zum Supermarkt»

In seiner Rede auf dem Parteitag[150] distanziert sich Kennedy explizit von den sozialen *Versprechungen* Roosevelts und der Parteilinken, die er als veraltet abtut und den *Herausforderungen einer Neuen Pioniergrenze* gegenüberstellt: *den unentdeckten Gebieten der Wissenschaft und des Weltalls, ungelösten Problemen von Krieg und Frieden, unbesiegten Überbleibseln der Ignoranz und des Vorurteils, unbeantworteten Fragen der Armut und des Überflusses.* Die Frage gesellschaftlicher Reformen ordnet er den Erfordernissen des Kalten Krieges unter: Es gehe darum, *ob unsere Gesellschaft […] mit dem zielstrebigen Vordringen des kommunistischen Systems Schritt halten kann […]. Das ist die eigentliche Frage: Sind wir bereit, es den Russen gleichzutun, die ihre Gegenwart der Zukunft opfern – oder müssen wir unsere Zukunft opfern, um die Gegenwart zu genießen?* Da taucht wieder Kennedys fixe Idee eines «freiwilligen Totalitarismus» auf.

In das Konzept der *New Frontier* fließt außerdem die Zyklentheorie Arthur Schlesingers ein, der zufolge in der amerikanischen Geschichte Perioden intensiver Aktivität, in denen Großes geleistet wird, von Perioden der Apathie und Passivität abgelöst werden, die so lange andauern, bis die

Wahlkampf um das Präsidentenamt, New York 1960

Energien der Nation wieder aufgefrischt sind. In dieser Sichtweise erscheinen die Eisenhower-Jahre als bloße Atempause zwischen dem «New Deal» und dem kommenden Aufbruch. So geißelt Kennedy in seiner Parteitagsrede die Jahre, in denen die Mehrheit der Amerikanerinnen und Amerikaner einen in ihrer Geschichte und in der Welt bis dahin unvorstellbaren Wohlstand erlangt haben und die im Rückblick der Populärkultur als die «Fabulous Fifties» erscheinen, die Ära von Elvis und Marilyn Monroe, Petticoats und Entenschwanzfrisuren, riesigen Autos und Rock 'n' Roll, als eine bleierne Zeit *schleichender Mittelmäßigkeit, nationalen Niedergangs, der privaten Bequemlichkeit auf Kosten des öffentlichen Interesses, der abgestandenen, stickigen Luft der «Normalität»*. Er nimmt damit die Kritik vorweg, die von den Kulturrevolutionären der 1960er Jahre geäußert werden wird. Sie entspringt einem Unbehagen am Materialismus der Nachkriegsjahre, das auch der Schriftsteller John Steinbeck bei seinen Reisen durch Amerika gespürt hat: «[...] eine nervöse Unruhe, einen Durst, eine Sehnsucht nach etwas Unbekanntem – vielleicht nach einer Moralität.» [151]

Kennedys Gegenspieler: Richard Nixon

1913: Richard Milhouse Nixon wird in Yorba Linda, Kalifornien, geboren. Der Vater ist kleiner Ladenbesitzer. Richard wird als strenger Quäker erzogen.
1946: Nixon wird für die Republikanische Partei in den Kongress gewählt. Arbeit im «Ausschuss für Unamerikanische Aktivitäten».
1951: Wahl in den Senat.
1952: Dwight D. Eisenhower nominiert Nixon für die Vizepräsidentschaft. Zum ersten Mal seit 1928 gewinnen die Republikaner eine Präsidentschaftswahl.
1956: Wiederwahl Eisenhowers. Nixon bleibt Vizepräsident.
1960: Nixon wird im Kampf um die Präsidentschaft von John F. Kennedy geschlagen.
1962: Nach seiner Niederlage bei den Gouverneurswahlen in Kalifornien gibt Nixon seinen Abschied von der Politik bekannt, revidiert seine Entscheidung jedoch bald.
1968: Nixon wird ins Weiße Haus gewählt. ➲

Kennedys Rede und sein an die Planwagen der Pioniere erinnernder Wahlslogan *Lasst uns Amerika wieder in Bewegung setzen!* erzeugen besonders bei der Jugend ein unbestimmtes Gefühl des Aufbruchs. Sein republikanischer Gegenkandidat Richard Nixon verteidigt zwar die Leistungen der acht Eisenhower-Jahre: Frieden und Wohlstand. Freilich sieht sich die Regierung 1960 mit einer schleichenden Stagflation (Stagnation der Wirtschaft bei gleichzeitiger Inflation) konfrontiert, die in den letzten Wochen vor der Wahl 400 000 Amerikaner ihren Arbeitsplatz kostet. «It's the economy, stupid!» Mit diesem Leitsatz wird dreißig Jahre später der Realpolitiker Bill Clinton seine Wahlkampfstrategie umreißen. Kennedy aber verspricht auf dem Parteitag, *der Nation die unerledigten Geschäfte unserer Gesellschaft vorzulegen*, und stellt damit das Vorbild für Barack Obama und sein Versprechen «Change we can believe in» dar. Dabei bleibt Kennedy so unbestimmt, dass er Nixon im Wahlkampf sowohl von links – wegen unterlassener Reformen – als auch von rechts – wegen einer angeblich zu weichen Haltung gegenüber dem Kommunismus – angreifen kann.

Beispielhaft ist der von Kennedy und seinen Beratern entwickelte Mythos der «Raketenlücke». Der erfolgreiche Start des ersten unbemannten Satelliten durch die Sowjetunion 1957 hat bei den Amerikanern den «Sputnik-Schock» ausgelöst: Angst vor militärischer Verwundbarkeit und wissenschaftlich-technischem Zurückbleiben. Kennedy kritisiert einerseits die zu niedrigen Ausgaben für die Schulen, was ihm linke Stimmen einbringt. Andererseits umwirbt er rechte Wähler, indem er die Tatsache kritisiert, dass Eisenhower die Rüstungsausgaben beschnitten und die Atombombenversuche eingestellt hat. Vizepräsident Nixon habe bei seinem Besuch in Moskau *zu Chruschtschow gesagt: «Ihr seid uns vielleicht in der Raketenschubkraft voraus, aber wir sind euch im Farbfernsehen voraus.»*

1972: Wiederwahl mit großer Mehrheit.
1974: Wegen seiner Rolle in der Watergate-Affäre (Einbruch ins Hauptquartier der Demokraten) tritt Nixon zurück, um einer Amtsenthebung zuvorzukommen. Er ist der einzige Präsident, der jemals zurückgetreten ist.
1994: Richard Nixon stirbt am 22. April. Er wird in Yorba Linda beigesetzt.
Zu **Nixons Leistungen** als Präsident zählen die Aussöhnung mit China, die Beendigung des Vietnamkriegs, Abrüstungsvereinbarungen mit der Sowjetunion und die Anerkennung des Umweltschutzes als nationale und internationale Aufgabe. Wirtschaftspolitisch versucht Nixon erfolglos, der «Stagflation» durch staatliche Preiskontrollen Herr zu werden. Seine Aufhebung der Golddeckung für den Dollar legt die Grundlage für die Expansion des Finanzsektors in den kommenden Jahrzehnten.

Ich denke, Farbfernsehen ist nicht so wichtig wie Raketenschubkraft.[152]

Das ist, wie die Geschichte gezeigt hat, falsch. Und auch für Kennedys Wahlkampf wird das Fernsehen zum entscheidenden Medium. Den größten Fehler macht Nixon, als er sich vier Fernsehdebatten mit Kennedy stellt, was heute selbstverständlich, 1960 aber ein Novum ist. Dadurch begibt sich der Vizepräsident seines wichtigsten Vorteils: seines höheren Bekanntheitsgrads. Kennedy erhält eine nationale Bühne und erweist sich als ideale Fernsehpersönlichkeit. Schon im Vorwahlkampf hat er seinen Gegner Humphrey als *zu heiß* eingeschätzt, als Politiker alten Stils, der auf einem Podium die Menge aufwühlt. *Was die Leute heute wollen, ist eine eher langweilige, monotone Persönlichkeit wie mich.*[153] Kennedys fast unterkühlte Präsenz ist dem «coolen» Medium Fernsehen besser angepasst als der schwitzende, aggressive Nixon, den manche Kritiker mit einem zu aufdringlichen Gebrauchtwagenhändler vergleichen. Menschen, die nur die Radioübertragung hören, sind hingegen der Meinung, Nixon habe besser als Kennedy abgeschnitten: «The medium is the message», folgert der Medientheoretiker Marshall McLuhan.

Während Nixon auf Kennedy einredet, begreift Kennedy, dass die Kamera das entscheidende Gegenüber ist, und wendet sich direkt an die Millionen Fernsehzuschauer: *Wenn Sie der Meinung sind, dass alles […] richtig gemacht wird, dass die Macht und das Prestige und die Stärke der Vereinigten Staaten im Verhältnis zu den Kommunisten zunehmen, dass wir mehr Sicherheit erlangt haben, dass wir alles erreichen, was wir als Nation erreichen sollten, dass wir ein besseres Leben für unsere Bürger und größere Macht erreichen, dann sollten Sie für Mr. Nixon stimmen.*[154] So stellt sich Kennedy dar als jemand, der nicht alles anders machen will als die bisherige Regierung, aber eben vieles besser.

Worum geht es also bei der Wahl 1960? Schlesinger schreibt eine Wahlkampfbroschüre, deren Titel die Zweifel vieler Liberaler aufgreift: «Kennedy oder Nixon: Macht es

Eine mediale Revolution: Am 26. September 1960 verfolgen 70 Millionen Fernsehzuschauer das Rededuell zwischen Kennedy und seinem Konkurrenten Richard Nixon

überhaupt einen Unterschied?»[155] Für Eleanor Roosevelt repräsentiert Kennedy «die neue Managerelite, die weder Prinzipien noch Charakter besitzt»[156]. Ein Automobilarbeiter in Detroit sagt einem Reporter nach den Fernsehdebatten: «Es ist alles unecht. Dies ist eine Wahl zwischen zwei Schauspielern.»[157] Möglicherweise. Aber sie spielen in zwei verschiedenen Filmen. «Superman kommt zum Supermarkt» – so sieht der Schriftsteller Norman Mailer die Kandidatur Kennedys. Eisenhower sei ein Anti-Held gewesen, die Verkörperung kleinstädtischer Normalität. Kennedy aber stehe in der Tradition der großen Hollywood-Helden. Die politischen Unterschiede zwischen Nixon und Kennedy seien zwar minimal. Amerika habe jedoch die Wahl zwischen «Drama oder Stabilität, Abenteuer oder Monotonie»; denn Kennedy habe bei aller politischen Konventionalität einen Hauch «jenes anderen Lebens» an sich, des verdrängten «zweiten amerikanischen Lebens» jenseits der Politik und des Gewöhnlichen, «der langen elektrischen Nacht mit den Leuchtfeuern aus Neon entlang der Highways und dem Gemurmel von Jazz». Entscheidend sei nicht, was Kennedy sage, sondern was die Nation auf ihn projiziere.[158]

Republikaner und Demokraten
Das Wahlrecht in den USA ist ein reines Mehrheitswahlrecht. Das heißt: Wer die meisten Stimmen bekommt, ist gewählt, auch wenn er oder sie nicht die Mehrheit der abgegebenen Stimmen erhalten hat. Die anderen Stimmen sind verloren.
Ein solches Wahlrecht begünstigt ein Zwei-Parteien-System, weil kleinere Parteien kaum Möglichkeiten haben, in einem Wahlkreis – geschweige denn im ganzen Land – zur größten Partei zu werden.
Seit Mitte des 19. Jahrhunderts dominieren zwei Parteien die politische Landschaft der USA: Republikaner und Demokraten. In groben Zügen kann man sagen, dass die Republikaner rechts, die Demokraten links von der Mitte stehen. ➲

Wohin das Abenteuer gehen könnte, wird kurz vor der Wahl sichtbar. In Atlanta, Georgia, wird der Baptistenprediger Dr. Martin Luther King bei einem Sit-in in einem für Weiße reservierten Restaurant verhaftet. Da der Führer des schwarzen Widerstands im Süden bereits wegen Fahrens mit einem ungültigen Führerschein zu einer Bewährungsstrafe verurteilt worden ist, wird das gewaltlose Sit-in von Richter Oscar Mitchell als Verletzung der Bewährungsauflagen gewertet: King wird zu vier Monaten Zwangsarbeit verurteilt. Seine Mitarbeiter befürchten, dass er im Straflager gelyncht wird.

Die Situation ist für beide Präsidentschaftskandidaten politisch gefährlich. Ein Eingreifen zugunsten Kings kann viele weiße Stimmen kosten. Klüger scheint es, die Sache auf sich beruhen zu lassen, was Nixon auch tut. Kennedy aber greift zum Telefon, um Kings Frau Coretta seine Solidarität mitzuteilen; Robert Kennedy ruft Richter Mitchell an, der sich dem politischen Druck beugt und King freilässt. Kings Vater sagt: «Ich hatte vorgehabt, gegen Senator Kennedy wegen seiner Religion zu stimmen. Aber jetzt kann er mein Präsident sein, mag er Katholik oder was auch immer sein.»

Joseph Kennedy lässt zwei Millionen Flugblätter über die King-Episode drucken und am Sonntag vor der Wahl vor schwarzen Kirchen im ganzen Süden verteilen. Das Ergebnis dieses politischen Abenteuers gibt den Kennedys recht: 1956 sind 60 Prozent der schwarzen Stimmen an die Republikaner gegangen; 1960 stimmen die Schwarzen zu 70 Prozent für die Demokraten. In fünf Bundesstaaten geben diese Stimmen vermutlich den Ausschlag zugunsten Kennedys. Andererseits ist diese Wahl der Beginn einer seismischen Veränderung. Heute befindet sich der einst geschlossene Block der demokratisch beherrschten Südstaaten ebenso geschlossen in der Hand der Republikaner.

Bekannte republikanische Präsidenten:
Abraham Lincoln (1861–65)
Theodore Roosevelt (1901–09)
Dwight D. Eisenhower (1953–61)
Richard Nixon (1969–74)
Ronald Reagan (1981–89)
George W. Bush (2001–2009)

Bekannte demokratische Präsidenten:
Woodrow Wilson (1913–21)
Franklin D. Roosevelt (1933–45)
Harry Truman (1945–1953)
John F. Kennedy (1961–63)
Lyndon B. Johnson (1963–69)
Bill Clinton (1993–2001)
Barack Obama (2009–)

Bei der Wahl am 8. November gewinnt Kennedy außerdem 78 Prozent der katholischen und 80 Prozent der jüdischen Stimmen. Das weiße, protestantische, konservative Mittelamerika der von Intellektuellen wie Mailer verachteten Kleinstädte ist aber von «Superman» nicht überzeugt. So geht die Wahl am 8. November 1960 unerwartet knapp aus. Bei einer Rekordwahlbeteiligung von 68 836 385 Menschen erhält Kennedy 34 227 096 Stimmen, das heißt weniger als 50 Prozent und nur 113 238 – also 0,1 Prozent – mehr als Nixon. Acht Jahre später wird der ressentimentgeladene Nixon nach dem «Drama und Abenteuer» der Kulturrevolution, der Rassenunruhen und Antikriegsproteste der sechziger Jahre mit dem Versprechen von Ruhe und Ordnung das Weiße Haus erobern – und wegen seiner Paranoia Amt und Würde in der Watergate-Affäre verspielen.

Hartnäckig hält sich das Gerücht, Kennedy verdanke seinen Wahlsieg gekauften Stimmen. So sei Kennedys Erfolg in einigen von der Mafia kontrollierten Wahlbezirken Chicagos Ergebnis eines von Frank Sinatra vermittelten Deals zwischen Joseph Kennedy und Mafia-Boss Sam Giancana. Das mag sogar sein. Ausschlaggebend für den Sieg aber ist,

dass Kennedy dank Johnson den Süden gewinnt. In den von Johnsons politischen Freunden beherrschten Grenzgebieten am Rio Grande, wo die weißen «patrones» oder «jefes» in den Wahllokalen fertige Listen mit den Stimmen ihrer hispanischen Arbeiter abgeben, fährt «Lyndon Erdrutsch Johnson», wie man ihn hinter seinem Rücken nennt, seit 1941 dank seiner sorgfältigen Pflege politischer Beziehungen Mehrheiten von 70 bis 90 Prozent ein.

Lange zögert Nixon, seine Niederlage einzugestehen. Seine Berater wollen die Wahl anfechten. Als er schließlich den Sieg Kennedys anerkennt, ist sein Gegner erschöpft ins

Die Kennedys nach der Wahl im November 1960. Stehend von links: Ethel Kennedy (Roberts Frau), Stephen und Jean Smith, John F. Kennedy, Robert Kennedy, Patricia Lawford, Sargent Shriver, Joan Kennedy (Edwards Frau), Peter Lawford; sitzend von links: Eunice Shriver, Rose und Joseph Kennedy, Jacqueline Kennedy, Edward Kennedy

Bett gegangen. Am 9. November weckt ihn Tochter Caroline: «Good morning, Mister President!» *Also richten meine Frau und ich uns auf eine neue Regierung ein – und auf ein neues Baby.*[159] John jr. wird am 25. November geboren.

Für Joseph Kennedy ist der Sieg seines Sohnes die Krönung seines Lebenswerks. Ein Jahr später erleidet er einen Schlaganfall. Der «Architekt unseres Lebens» und wichtigster Berater des Präsidenten kann fortan nur noch lallen. Er stirbt 1969, nachdem er die Morde an seinen Söhnen John F. Kennedy und Robert Kennedy erlebt hat.

1036 Tage: John F. Kennedy im Weißen Haus

«Fragt nicht, was euer Land für euch tun kann ...»

Am 20. Januar 1961 leistet John Fitzgerald Kennedy auf den Stufen des Kapitols den Amtseid als 35. Präsident der Vereinigten Staaten. Die Gestaltung der Inaugurationsfeierlichkeiten gibt jedem Präsidenten die erste Gelegenheit, seine Auffassung von Wesen und Stil des Amtes darzustellen. Kennedy plant eine Feier «mit Goldrand, Pelzbesatz, Seidenzylinder, XXL, Alkoholgehalt 100 Prozent», wie ein junger Reporter der «Washington Post» namens Tom Wolfe damals schreibt.[160]

1952 erschien Ex-General Eisenhower im schwarzen Anzug und Homburg des Geschäftsmannes vor einer Versammlung von Berufspolitikern und Bürokraten zur Amtseinführung. Kennedy schreibt seinen Gästen Cut und Zylinder vor und lädt neben den Spitzen der politischen und journalistischen Klasse auch die geistige und künstlerische Elite des Landes ein, darunter die Dichter W. H. Auden und Robert Frost, die Schriftsteller Ernest Hemingway, Arthur Miller, John Steinbeck und Tennessee Williams, die – protestantischen – Theologen Paul Tillich und Reinhold Niebuhr, den Naturwissenschaftler Linus Pauling und die Komponisten Samuel Barber und Igor Strawinsky. Leonard Bernstein komponiert eine Fanfare für den Präsidenten. Die Gala nach der Amtseinführung organisiert Frank Sinatra, der zwei Flugzeuge voller Stars aus Hollywood einfliegt, darunter Harry Belafonte, Nat King Cole, Bette Davis, Ella Fitzgerald, Mahalia Jackson, Laurence Olivier, Sidney Poitier und natürlich die «Rat Pack» – allerdings ohne Sammy Davis Jr. Gegen ihn legt Joe Kennedy

20. Januar 1961: Kennedy leistet vor dem Obersten Richter Earl Warren seinen Amtseid als 35. Präsident der USA. Rechts von ihm Lyndon B. Johnson und Richard Nixon, links (mit weißem Schal) Ex-Präsident Dwight D. Eisenhower und Jackie Kennedy

sein Veto ein, weil der schwarze Entertainer die auch im angeblich liberalen Norden geltenden ungeschriebenen Rassengesetze durch seine Ehe mit der weißen Schauspielerin May Britt verletzt hat.

Glanzvoll soll die neue Administration sein. Das Wetter spielt mit: Die Januarsonne funkelt auf dem in der Nacht gefallenen Schnee. Sie blendet Robert Frost, der nach dem Amtseid ans Mikrofon tritt, um in Knittelversen ein «neues Augusteisches Zeitalter» zu verkünden, ein «goldenes Zeitalter der Poesie und der Macht».[161] *Eine Feier der Freiheit*[162] nennt Kennedy in seiner Antrittsrede die Amtseinführung, aber sie hat auch etwas von der Krönung eines Monarchen. Zum ersten Mal seit George Washingtons Inauguration 1789 sind auch Mitglieder der britischen Aristokratie anwesend. Es ist, als hätte die «imperiale Präsidentschaft», wie sie Schlesinger nennen wird,[163] die ihr angemessene Form gefunden.

Dem Glanz des Ereignisses mit seinem imperialen Unterton entsprechen die hochfliegende Rhetorik und der Inhalt der kurzen Antrittsrede, die ausschließlich der Außenpolitik gewidmet ist. Von ihr ist vor allem eine Phrase im kollektiven Gedächtnis geblieben: *And so, my fellow Americans: Ask not what your country can do for you. Ask what you can do for your country. – Fragt nicht, was euer Land für euch tun kann. Fragt, was ihr für euer Land tun könnt.* Ehemalige Mitschüler des neuen Präsidenten staunen; denn sie kennen den Gedanken – einschließlich der archaischen Wendung «ask not» statt «don't ask» – aus der alljährlichen Ansprache ihres Rektors George St. John. «Der Jugendliche, der seine Alma Mater liebt, wird nicht fragen: ‹Was kann sie für mich tun?›, sondern: ‹Was kann ich für sie tun?›»[164] Dass der Gründer des antiautoritären «Muckers Club» nun die Maxime seines Schulleiters zitiert, ist ironisch. Bedenklich ist es aber, dass diese Phrase so oft zustimmend zitiert wird. Denn sie mag als Motto für die privilegierten Schüler einer Privatschule angehen; als Anleitung zum Handeln der Bürger einer Demokratie ist sie fragwürdig.

In die Unabhängigkeitserklärung der USA hat Thomas Jefferson den Grundsatz geschrieben, es sei Aufgabe des Staates, seinen Bürgern «Life, Liberty and the Pursuit of Happiness» zu garantieren.[165] Das gilt 1961 nicht weniger als 1776. Hundert Jahre nach der Sklavenbefreiung warten 22 Millionen Bürger schwarzer Hautfarbe immer noch darauf, dass der Staat ihnen ihre Rechte als amerikanische Mitbürger verschafft. Andere Minderheiten – wie etwa Schwule – werden vom Staat aktiv verfolgt. Frauen sind weit davon entfernt, im Arbeitsleben und in der Familie als gleichberechtigt anerkannt zu sein. In vielen Teilen der USA herrscht Armut. Alte und Arme haben keine Krankenversicherung. Diesen Menschen muss die Aufforderung Kennedys, nicht zu fragen, was ihr Land für sie tun kann, wie Hohn in den Ohren klingen. Zwei Jahre später wird ein junger Sänger namens Bob Dylan so etwas wie einen Gegenentwurf zu dieser Rede schreiben: «Senatoren, Kongressmitglieder, hört bitte den Ruf ... Draußen tobt ein Kampf, der bald eure Fensterscheiben klirren und eure Wände wackeln lässt: The times, they are a-changin'!»[166]

Atomraketen und Guerillakämpfer

Kennedy selbst beschwört im Wahlkampf *die revolutionären sechziger Jahre.* Sie seien *eine Zeit für Größe.* «Er wollte so dringend ein großer Präsident sein», sagt Jacqueline nach seiner Ermordung.[167] Schon im Wahlkampf hat er ein «akademisches Beraterkomitee» um sich versammelt. Die meisten werden mit Posten in der Administration belohnt. Wie Franklin D. Roosevelt, der einen «Gehirntrust» eingerichtet hat, um ihm Ideen für den «New Deal» zu entwickeln, erscheint John F. Kennedy in den ersten Tagen und Wochen der *New Frontier* wie jemand, der «die besten und hellsten Köpfe» Amerikas versammelt, um neue Wege in der Politik zu gehen, wie es in einem berühmten Buch von David Halberstam heißt.[168] Wer aber nicht so hell ist, «und sei er noch so tugendhaft, noch so weise, noch so nobel [...], konnte Kennedy nicht gebrauchen»[169], bemerkt Isaiah Berlin bei einem Besuch im Weißen Haus. Der britische Philosoph mokiert sich über die vielen Männer mit «leuchtenden Augen» und «jeder Menge Energie und Ehrgeiz», die «auf eine sehr aufregende und romantische Weise vorwärtsmarschierten».[170]

Freilich ist es eine Sache, Ideen zu entwickeln, eine andere, sie umzusetzen. Unter den hellen und schnellen Köpfen, die den neuen Präsidenten beraten, verfügen nur wenige über Erfahrung in der Regierung. Und was Kennedy selbst betrifft, so habe er *so viel Zeit in den vergangenen Jahren damit zugebracht, Leute kennenzulernen, die mir helfen könnten, Präsident zu werden,* dass er nur sehr wenige Leute kenne, die ihm *helfen könnten, Präsident zu sein,* wie er dem früheren Außenminister Dean Acheson gesteht.[171]

Innenpolitisch sind dem neuen Präsidenten ohnehin die Hände gebunden. Sein knapper Wahlsieg bedeutet, dass er bei jeder innenpolitischen Initiative den Kompromiss mit mächtigen Interessengruppen innerhalb und außerhalb der Politik suchen muss, die für seine Wiederwahl 1964 wichtig sind. Im Kongress kann eine Koalition aus Südstaaten-Demokraten und Republikanern jede Bürgerrechtsgesetzgebung blockieren. Unter diesen Umständen kann *Größe* nur in der Außenpolitik errungen werden, wo der Präsident mehr Spielraum hat und wo sich der Kalte Krieg gefährlich zuspitzt. *In der langen Geschichte dieser Welt ist es nur wenigen Generationen vergönnt gewesen, die Rolle der Verteidiger der Freiheit in der Stunde der höchsten Gefahr zu übernehmen*, sagt Kennedy in seiner Antrittsrede. *Ich schrecke vor dieser Aufgabe nicht zurück – ich begrüße sie.*

Kennedys Verurteilung der Eisenhower-Jahre als eine Ära der Stagnation bezieht sich auch und gerade auf die Außenpolitik: *Wir haben es zugelassen, dass eine weiche Sentimentalität die Atmosphäre bildet, die wir atmen. Und in jener Atmosphäre ist der diffuse Wunsch, Gutes zu tun, zum Ersatz für klare, harte Pläne und Unternehmungen geworden – zum Ersatz für eine Strategie.*[172] Diese Charakterisierung der amerikanischen Außenpolitik in den 1950er Jahren verblüfft. Schließlich hat Eisenhowers Außenminister John Foster Dulles anstelle der von Truman verfolgten Politik des «containment», der Eindämmung des Kommunismus, eine Politik des «roll back», der Zurückdrängung des Einflusses der Sowjetunion und Chinas, der Befreiung der Völker Osteuropas und Asiens, verkündet. Freilich hat die Eisenhower-Administration diesen starken Worten keine Taten folgen lassen. Den Krieg in Korea hat sie mit einem Kompromiss beendet: der Teilung der Halbinsel in einen kommunistischen Norden und einen prowestlichen Süden. Eisenhower hat es auch tunlichst unterlassen, die Volksaufstände in der DDR 1953 und in Ungarn 1956 zum Versuch einer Veränderung des Status quo in Europa auszunutzen. Faktisch betreibt Eisenhower Eindämmungspolitik.

Dabei verlässt er sich auf die erdrückende atomare Überlegenheit der USA. Die Ankündigung, jeder Bedrohung amerikanischer Interessen mit einem Atomangriff zu begegnen, der mit dem sowjetischen Militärpotenzial auch die Großstädte und Industriezentren Osteuropas und Russlands vernichten wird, erlaubt es dem westlichen Militärbündnis NATO, mit nur 25 Divisionen Westeuropa gegen eine Übermacht von 125 Divisionen des östlichen Warschauer Pakts zu verteidigen. Die Dividende der atomaren Überlegenheit fließt in jene «Kühlschränke und Farbfernseher», die für Nixon wichtiger sind als Raketen: Weil Atomwaffen relativ billig sind, also «more bang for the buck» – mehr Wumms pro Dollar – liefern als konventionelle Waffen, wie Eisenhower sagt, kann das Geld der Bürger in den Konsum fließen statt ins Militärbudget.

Dies ist es gerade, was Kennedy mit dem Schlagwort der «Raketenlücke» und dem *Appell an die Brieftasche der Bürger* kritisiert. Vor dem Senat erklärt er ein Jahr nach dem Sputnik-Start: *Es könnte durchaus sein, dass sich das Gleichgewicht der Abschreckung derart zugunsten der Sowjets verändert […], dass sich ihnen eine neue Abkürzung auf dem Weg zur Weltherrschaft auftut.* Zwar wäre ein Angriff auf die USA auch für die Sowjetunion mit schrecklichen Verlusten verbunden. *Doch unsere Erfahrung mit den unlogischen Entscheidungen eines Adolf Hitler sollte uns gelehrt haben, dass solche Überlegungen die Führer eines totalitären Staates vielleicht nicht abschrecken.*[173]

Als wollten die Kommunisten den neuen Präsidenten einschüchtern, testet die Sowjetunion am 12. Februar 1961, wenige Tage nach Kennedys Einzug ins Weiße Haus, mit der SS-7 erfolgreich ihre erste Interkontinentalrakete. Am 12. April 1961 fliegt der Russe Jurij Gagarin als erster Mensch ins Weltall. Vor dem Obersten Sowjet prahlt Partei- und Regierungschef Nikita Chruschtschow: «Es ist jetzt klar, dass die Sowjetunion die größte Militärmacht der Erde ist.»[174]

Das ist Unsinn, und die von Kennedy beschworene «Raketenlücke» eine Erfindung: Wie seine Militärberater nach Übernahme der Amtsgeschäfte feststellen, beträgt das tatsächliche Raketenpotenzial der Sowjetunion gerade mal 3,5 Prozent dessen, was Kennedy 1959 behauptet hat. Klar ist aber, dass die USA verwundbar sind und dass diese Verwundbarkeit mit den Fortschritten sowjetischer Waffentechnik zunehmen wird. Überdies droht die von Dulles als «Brinkmanship» bezeichnete Politik des Manövrierens am Abgrund des Atomkriegs jederzeit in den «nuklearen Holocaust», wie man es damals nennt, umzukippen: *Wir haben uns selbst in eine Ecke getrieben, wo wir nur eine Wahl haben: alles oder nichts, Vernichtung der Welt oder Unterwerfung.*[175] Kennedy will in dieser Situation, die er auch als Einschränkung seiner eigenen Handlungsfähigkeit empfindet, mit einer *Strategie des Friedens […] dem entschlossenen sowjetischen Programm zur Beherrschung der Welt entgegentreten*[176].

Diese *Strategie des Friedens* ist kein Programm der Abrüstung. Im Gegenteil. *Denn nur wenn die Stärke unserer Waffen über jeden Zweifel erhaben ist, können wir ganz sicher ausschließen, dass sie jemals angewendet werden,* sagt Kennedy in seiner Antrittsrede. Tags zuvor hat der alte Berufssoldat Eisenhower in seiner Abschiedsrede vor der «nicht zu rechtfertigenden Zunahme an Einfluss durch den militärisch-industriellen Komplex» gewarnt: «Das Potenzial für einen verhängnisvollen Zuwachs an Macht in den falschen Händen existiert und wird fortexistieren.»[177] Doch Kennedys Verteidigungsminister Robert McNamara, der den Autoriesen Ford geleitet hat und den «militärisch-industriellen Komplex» geradezu idealtypisch verkörpert, organisiert Amerikas bis dahin größtes Aufrüstungsprogramm in Friedenszeiten.

In seiner letzten Rede zählt Kennedy bei einem Frühstück mit texanischen Geschäftsleuten die Leistungen seiner Regierung auf diesem Gebiet auf: *In den vergangenen drei Jahren haben wir den Verteidigungshaushalt der Vereinigten Staaten um über 20 Prozent erhöht; das Beschaffungsprogramm für Polaris-Unterseeboote von 24 auf 41 erweitert; unser Programm zum Kauf von Minuteman-Raketen um über 75 Prozent aufgestockt; die Zahl unserer einsatzbereiten strategischen Bomber und Raketen verdoppelt; die Anzahl der […] verfügbaren Atomwaffen ebenfalls verdoppelt; die in Westeuropa stationierten taktischen Atomwaffen*

Der Astronaut John Glenn, der am 20. Februar 1962 dreimal die Erde umflogen hat, erklärt dem Präsidenten drei Tage später die Raumkapsel «Friendship 7»

um über 60 Prozent erhöht; die Armee […] um fünf einsatzbereite Divisionen, die Luftwaffe […] um fünf Kampffliegergeschwader erweitert; unsere strategische Luftlandekapazität um 75 Prozent erhöht und die Anzahl unserer in Südvietnam eingesetzten besonderen Anti-Guerilla-Streitkräfte um 600 Prozent.[178]

Die entscheidende Komponente der *Strategie des Friedens* ist aber die Abkehr von der Doktrin der massiven Vergeltung hin zur «flexiblen Antwort»: *Wir müssen die Fähigkeit wiedergewinnen, in jeden begrenzten Krieg überall in der Welt effektiv und schnell einzugreifen.*[179] Denn die Hauptgefahr für die USA sieht Kennedy nicht in einem direkten Angriff der Sowjetunion: *Ihre Raketenmacht wird der Schild sein, hinter dem sie langsam, aber sicher vordringen – durch Sputnik-Diplomatie, begrenzte Buschkriege, indirekte, verdeckte Aggression, Einschüchterung und Subversion, Revolution, Anwachsen ihres Prestiges und Einflusses sowie durch die brutale Erpressung unserer Verbündeten. Die Peripherie der Freien Welt wird so Stück für Stück angefres-*

sen. Das Gleichgewicht der Macht wird sich langsam zu unseren Ungunsten verändern. Die für unsere Sicherheit lebenswichtigen Schlüsselgebiete werden allmählich von den Sowjets infiltriert und beherrscht werden.[180]

Mit der *Peripherie der Freien Welt* sind die Länder Afrikas, Asiens und Lateinamerikas gemeint. Hier, nicht in Europa, sieht Kennedy das entscheidende Feld der Auseinandersetzung mit dem Kommunismus. Früh erkennt er, dass *die Kräfte des Nationalismus die geopolitische Karte der Erde neu schreiben*[181]. Mit «Nationalismus» meint Kennedy den Kampf gegen den europäischen Kolonialismus. 1951 sagt er nach einer Reise in den Nahen Osten und nach Asien: *Der Kolonialismus ist kein Thema für Gespräche beim Tee – er ist das tägliche Brot für Millionen Menschen.* In Asien gehe *das Gespenst der Revolution* um, ein Kampf *zwischen Zivilisationen, die um ihre Geburt kämpfen, und solchen, die verzweifelt versuchen, das, was sie so lange besessen haben,* zu *behalten.*[182] So kritisiert Kennedy 1954 die Unterstützung des französischen Kolonialkriegs in Indochina durch die Eisenhower-Regierung.

Entkolonialisierung seit 1945
Der Politikwissenschaftler Samuel P. Huntington glaubt, drei Wellen der Demokratisierung in der Geschichte zu erkennen:
Die erste Welle beginnt mit der amerikanischen Revolution 1776 und erfasst im 19. Jahrhundert Europa und Nordamerika. In dieser Zeit entstehen 29 demokratische Staaten. Nach dem Ersten Weltkrieg kommt diese Welle mit dem Aufstieg autoritärer und faschistischer Regime zum Erliegen. 1942 gibt es weltweit nur noch 12 Demokratien.
Die zweite Welle wird mit dem Sieg der Alliierten gegen die Achsenmachte 1945 eingeläutet. ➔

1957 hält er eine Rede vor dem Senat mit dem Titel *Der Kampf gegen den Imperialismus am Beispiel Algerien und Polen.* Darin fordert er, die USA sollten sich für die Unabhängigkeit Algeriens von Frankreich einsetzen; auch deshalb, weil sonst ihr Kampf gegen den Kommunismus verlogen erscheinen müsse. *Die größte Macht in der Welt heute ist weder der Kommunismus noch der Kapitalismus, weder die Wasserstoffbombe noch die Lenkrakete*, stellt er fest. *Sie ist der ewige Wunsch des Menschen, frei und unabhängig zu sein. Der große Feind jener gewaltigen Macht der Freiheit heißt mangels eines besseren Begriffs Imperialismus – und das bedeutet heute der sowjetische Imperia-*

lismus und, ob es uns gefällt oder nicht und ohne sie gleichzusetzen, der westliche Imperialismus. Es sei *schockierend, dass Millionen in Afrika und Asien die Vereinigten Staaten misstrauisch als Sympathisanten des Kolonialismus und fortgesetzter Herrschaft durch den Westen betrachten.*[183]

In seiner Rede zur Amtseinführung 1961 greift Kennedy diese Gedanken wieder auf: *Es geht in der ganzen Welt immer noch um die gleichen revolutionären Glaubenssätze, für die unsere Vorfahren fochten – der Glaube, dass die Menschenrechte nicht von der Großmut des Staates kommen, sondern aus der Hand Gottes. Wir dürfen heute nicht vergessen, dass wir die Erben jener ersten Revolution sind.*[184] Diese Idee der revolutionären Bestimmung Amerikas wird von den «Neocons» zu Beginn des 21. Jahrhunderts nach dem Angriff islamischer Terroristen auf New York und Washington wiederbelebt. Die USA könnten nicht glaubwürdig den islamischen Fundamentalismus bekämpfen, wenn sie in der ganzen islamischen Welt autoritäre Regime unterstützt; Amerika müsse sich überall auf die Seite der Freiheit stellen, bis hin zur Revolution von oben, zum «Regime Change» in Afghanistan und dem Irak.

Mit der Auflösung der europäischen Kolonialreiche erhöht sich die Zahl der demokratischen Staaten bis 1962 auf 36. Zwischen 1946 und 1970 steigt die Zahl der Mitgliedsstaaten der Vereinten Nationen von 36 auf 127.
Die dritte Welle beginnt mit der «Nelkenrevolution» in Portugal 1974 und führt zur Auflösung der letzten Kolonien in Afrika, zur Demokratisierung Lateinamerikas und zur Auflösung der Sowjetunion. in dieser Zeit verdoppelt sich die Zahl der Demokratien weltweit. Ob mit dem «arabischen Frühling» ab 2011 eine **vierte Welle** eingeläutet worden ist, bleibt abzuwarten.

Kennedy sieht klar, wie die Kommunisten die nationalen und sozialen Befreiungsbewegungen für ihre Zwecke nutzen. In der Fähigkeit, den kommunistischen Einfluss zurückzudrängen, sieht er die größte Herausforderung für die Gesellschaften des Westens: *Die berechtigte Unzufriedenheit arbeitender Menschen wird ausgenutzt. Die berechtigte Forderung nach Selbstbestimmung wird erhoben. Aber einmal an die Macht gelangt, verschwindet das Gerede von Unzufriedenheit, verschwindet jegliche Selbstbestimmung, wird die versprochene Revolution der Hoffnung verraten, wie in Kuba, und es entsteht eine Schreckensherrschaft … Wir können es uns nicht erlauben, das hinterhältige Wesen dieses neuen, tieferen Kampfes nicht zu erkennen, wir können uns nicht erlauben, die neuen Ideen, die neuen Mittel, die neue Dringlichkeit nicht zu begreifen, die wir brauchen werden, um ihn zu bestehen – ob in Kuba oder Südvietnam. Und wir können es uns nicht leisten, nicht zu sehen, dass dieser Kampf tagtäglich stattfindet, ohne Fanfaren, in tausend Dörfern und Marktflecken – Tag und Nacht – und in Klassenzimmern auf dem ganzen Erdball. Die Botschaft von Kuba, von Laos, die Botschaft des anschwellenden Lärms kommunistischer Stimmen in Asien und Lateinamerika – diese Botschaften sind alle gleich: Die selbstzufriedenen, selbstsüchtigen, weichen Gesellschaften sind dabei, zusammen mit dem Müll der Geschichte hinweggefegt zu werden. Nur die Starken, nur die Fleißigen, nur die Entschlossenen, nur die Mutigen, nur jene Visionäre, die das wirkliche Wesen unseres Kampfes begreifen, werden überleben können.*[185] Solche apokalyptischen Wendungen wirken nicht nur in der Rückschau befremdlich.

Ein großer Präsident zu sein heißt für Kennedy, den Kommunismus nicht nur einzudämmen, sondern vor allem in der Dritten Welt zurückzudrängen. Einer Sammlung seiner Reden aus seinem ersten Jahr im Amt gibt er darum den Titel *To Turn the Tide*, was so viel heißt wie *Der Gezeiten Lauf ändern.* Der deutsche Titel, *Dämme gegen die Flut*, zeigt, wie sehr man hierzulande das offensive Element in Kennedys Politik verkennt.[186] Diese Politik steht durchaus in der Tradition der Demokratischen Partei – der Partei von Woodrow Wilson, der mit Amerikas Eintritt in den Ersten Weltkrieg «die Welt für die Demokratie sicher machen» will, und von Franklin D. Roosevelt, der die USA in den Zweiten Weltkrieg und zur Weltmacht führt.

Unter den späteren «Neocons» sind denn auch viele ehemalige linke Demokraten. Ihnen gibt ein 1989 erscheinender Essay Francis Fukuyamas über «Das Ende der Geschichte» eine ideologische Grundlage. In Anlehnung an den deutschen Philosophen Georg Friedrich Wilhelm Hegel behauptet Fukuyama nämlich, es gebe eine Gesetzmäßigkeit in der Weltgeschichte. Ziel oder «Ende» der Geschichte sei die liberale, kapitalistische Demokratie.[187] Kennedys Ansichten werden von ähnlichen Gedanken seines Sicherheitsberaters Walt W. Rostow beeinflusst, dessen Buch «The Stages of Economic Growth» («Stadien des Wirtschaftswachstums») 1960 erscheint.[188] Rostow nennt sein Buch im Untertitel «Ein nichtkommunistisches Manifest», womit er auf das Kommunistische Manifest des Hegel-Schülers Karl Marx anspielt.

Die Menschheitsgeschichte durchlaufe, so Marx, fünf Stufen – Urkommunismus, Sklavenhaltergesellschaft, Feudalismus, Kapitalismus, Sozialismus – und erreiche als sechste Stufe und Ende der Geschichte den Kommunismus. Rostow unterscheidet auch fünf Stufen der menschlichen Entwicklung: die «traditionelle Gesellschaft», die «Schaffung der Vorbedingungen zum Take-off», «Take-off», «Entwicklung zur Reife» und schließlich das «Zeitalter hohen Massenkonsums» als Ende der Geschichte, das in den USA erreicht sei.

Allen deterministischen Theorien von Hegel über Marx und Rostow bis Fukuyama ist gemeinsam, dass sie ihren Anhängern die Sicherheit vermitteln, im Einklang mit der Geschichte zu handeln. In Rostows Modell ist der Kommunismus eine krankhafte Verirrung beim «Take-off». Wie er 1961 in einer Rede vor Absolventen der Schule für besondere Kriegführung in Fort Bragg ausführt: «Wir sind entschlossen, diese internationale Krankheit auszurotten.» Das ist allerdings eine Aufgabe, die nicht allein militärisch gelöst werden kann. Eine Strategie der «counterinsurgency» erfordere deshalb «nicht nur ein ordentliches militärisches Abschreckungsprogramm, sondern auch Programme zur Entwicklung auf dem Dorf, zur Kommunikation und zur Indoktrination».[189] *Es ist eine Ironie des Schicksals*, so Kennedy in seiner Botschaft zur Lage der Nation im selben Jahr, *dass ein grausames und diktatorisches Regime mit seinen Methoden in seinen Untergebenen Gehorsam und Eifer weckt, während die Seg-*

nungen der Freiheit nur zu oft mit Privilegien, Materialismus und einem bequemen Leben gleichgesetzt werden.[190]

Der Präsident und seine Berater sind fasziniert von der Gestalt des Guerillakämpfers. «Alle liefen herum mit Che Guevara und Lin Piao unterm Arm», schreibt David Halberstam. «Es war wirklich eine Art romantische Periode, die etwas Naives hatte.»[191]

Kennedys *Strategie des Friedens* bringt ihn auf Kollisionskurs mit seinem Kontrahenten Chruschtschow, dessen Denken wie ein Spiegelbild der Vorstellungen Kennedys wirkt. In seiner Rede vor dem Obersten Sowjet am 6. Januar 1961 wiederholt Chruschtschow nicht nur das marxistisch-leninistische Dogma, die Welt bewege sich «unbeirrbar» auf den Kommunismus zu, sondern stellt die These auf, die «nationalen Befreiungskriege» in Afrika, Asien und Lateinamerika seien neben der Macht der Sowjetunion «der entscheidende Faktor in diesem weltgeschichtlichen Prozess».

An Chruschtschow wendet sich Kennedy in seiner Antrittsrede mit der beunruhigenden Warnung, *dass wir jeden Preis zahlen, jede Last tragen, jedes Opfer bringen, jeden Freund unterstützen, uns aber auch jedem Feind widersetzen werden, um den Fortbestand und den Erfolg der Freiheit zu sichern.* Gleichzeitig aber richtet er an Chruschtschow den *Aufruf: dass sich beide Seiten erneut der Suche nach Frieden zuwenden, bevor die dunklen Mächte der Zerstörung, die von der Wissenschaft entfesselt wurden, alle menschliche Existenz auslöschen in geplanter oder versehentlicher Selbstvernichtung.*

Die 1036 Tage seiner Präsidentschaft sind geprägt von der Spannung, die sich in diesen beiden Passagen ausdrückt. Niemals zuvor oder danach ist die Welt so nahe an den Abgrund des Atomkriegs geraten wie in den Krisen um Berlin und Kuba während der Amtszeit Kennedys. Gerade deshalb aber münden diese Krisen in eine Art Kalten Frieden, der bis zum Zusammenbruch des Kommunismus andauert, ein Vierteljahrhundert nach Kennedys Tod.

Niederlage in der Schweinebucht

Am 17. April 1961 gehen 1400 Guerillakämpfer an der Bahia de Cochinos – der Schweinebucht – in Kuba an Land. Ausgebildet und angeführt von CIA-Offizieren, logistisch unterstützt von der US-Marine, soll die «Brigade 2506» nach Havanna vorstoßen und einen Volksaufstand gegen den Diktator Fidel Castro auslösen. Aus Miami soll dann eine Exilregierung eingeflogen werden und die USA um militärische Unterstützung bitten. Das erste Abenteuer der *New Frontier* gerät jedoch zum Fiasko.

Zwei Tage vor der Invasion greifen exilkubanische Piloten in getarnten amerikanischen Maschinen Castros Luftwaffe an, zerstören aber nur fünf von 29 Flugzeugen und alarmieren die Kubaner. Als die «Brigade 2506» Kuba erreicht, werden die Kämpfer am Strand von 20 000 regulären Truppen mit schweren Waffen, Panzern und Hubschraubern empfangen. Die Schiffe mit der Munition und Funkausrüstung der Brigade werden von kubanischen Flugzeugen versenkt. Drei Tage halten die in der Falle sitzenden Exilkubaner an der Schweinebucht aus; sie hoffen auf ein Eingreifen der amerikanischen Luftwaffe und Marine. Obwohl er von der CIA- und Militärführung dazu gedrängt wird, weigert sich Kennedy aber, den Einsatzbefehl zu geben. Schließlich ergeben sich die 1115 Überlebenden der Brigade.

Statt als Befreier in Havanna einzuziehen, werden sie als Verräter vorgeführt und in öffentlichen Prozessen zu langen Haftstrafen verurteilt. Statt zu einem Fanal der Freiheit wird die Schweinebucht zu einem Symbol imperialistischer Aggression – und antiimperialistischen Widerstands. Fidel Castro und sein Mitkämpfer Ernesto «Che» Guevara werden nicht nur in der kommunistischen Welt zu Helden. Zwar scheitert auch Guevaras Versuch, die Revolution zu exportieren: 1967 bringen ihn Regierungstruppen in Bolivien zur Strecke. Dafür wird der bekennende Stalinist zum Popstar. Bis heute ziert das Foto des «Guerillero Heroico» die T-Shirts von Jugendlichen in aller Welt.

Fidel Castro (links) und Ernesto «Che» Guevara (Mitte) im Guerillakrieg, 1957/58

Für Kennedy ist die Niederlage bitter. Jacqueline erinnerte sich, dass er «in sein Schlafzimmer kam und [...] den Kopf in die Hände legte und irgendwie weinte. Und ich habe ihn überhaupt nur dreimal weinen sehen. [...] Es war so traurig, wegen seiner ersten hundert Tage und all seiner Träume, und dann passiert diese entsetzliche Sache.»[192] Bei einer Kabinettsbesprechung wirkt er auf den stellvertretenden Außenminister Chester Bowles «völlig zerstört», redet mit sich selbst und ruft immer wieder aus: *Wie konnte ich nur so dumm sein?*[193]

Eine erste Antwort auf diese Frage lautet, dass Kennedy – wie bei der «Raketenlücke» – ein Gefangener seiner eigenen militanten Rhetorik ist. Getreu seiner Wahlkampfstrategie, den Gegner von links und rechts anzugreifen, hat Kennedy bei der Fernsehdebatte mit Nixon der Eisenhower-Regierung vorgeworfen, sie habe *die Warnungen unserer Botschafter ignoriert, die Kommunisten seien dabei, Kuba zu übernehmen,* und habe *hilflos zugesehen, wie die Russen nur 90 Meilen von unserer Küste entfernt einen neuen Satellitenstaat etablierten.* Notwendig sei es, *die demokratischen Anti-Castro-Kräfte im Exil und in Kuba selbst zu unterstützen, auf denen die Hoffnung auf einen Sturz Castros ruht. Bisher haben diese Freiheitskämpfer so gut wie keine Unterstützung seitens der Regierung genossen.*[194] Kennedys offene Aufforderung zum Regimewechsel musste Nixon als «gefährlich und verantwortungslos» zurückweisen, obwohl – nein, gerade weil – der Vizepräsident wusste, dass die unter großer Geheimhaltung in Honduras und Nicaragua ausgebildete «Brigade 2506» nur auf das Zeichen zur Invasion ihrer Heimat wartete. Nixon behauptet später sogar, auch Kennedy habe von den Plänen gewusst.[195] Wie dem auch sei: Trotz wachsender Zweifel hat Kennedy Angst, wie ein «Beschwichtiger» auszusehen, wenn er nach der Wahl den Plan fallenlässt, meint sein Vertrauter Ken O'Donnell.[196]

Zweitens wird Kennedy – nicht als erster und nicht als letzter Präsident – von der CIA irregeführt, die Wunschdenken und Wirklichkeit verwechselt und von Oppositionellen innerhalb und außerhalb Kubas instrumentalisiert wird, die behaupten, das Volk warte nur auf das Zeichen zum Aufstand gegen Castro. Der langjährige CIA-Chef Allen Dulles – Bruder von Eisenhowers Außenminister John Foster Dulles – verweist auf den von ihm orchestrierten Putsch in Guatemala 1954: «Mr. President, ich weiß, dass Sie Ihre Zweifel haben. [...] Ich sage Ihnen jetzt, dass die Erfolgsaussichten dieses Plans noch besser sind als damals in Guatemala.»[197]

Drittens wird Kennedy von seinen eigenen romantischen Vorstellungen verführt. Castro ist für Kennedy die Verkörperung des kommunistischen Verräters an der antiimperialistischen Revolution. Als Castros Guerillakämpfer 1959 Kubas Diktator Fulgencio Batista stürzen, der sich 1934 mit Hilfe Roosevelts an die Macht geputscht und die Insel zu einem Paradies für amerikanische Investoren, Touristen und Mafiosi gemacht hat, wollte Kennedy in ihm zunächst einen Freiheitskämpfer sehen: *Fidel Castro ist auch ein Erbe Bolivars, der seine Männer über die Anden führte und der spanischen Herrschaft ‹Krieg bis zum Tod› ansagte [...]. Castro ist auch Erbe der*

Frustration jener Revolution, die den Krieg gegen Spanien gewann, aber die einheimische Feudalordnung weitgehend unangetastet ließ, schrieb er noch 1960. Da hat Kubas Wirtschaftsminister Guevara bereits mit der Enteignung amerikanischer Firmen und der Einführung der Planwirtschaft begonnen, hat Castro die Annäherung an die Sowjetunion in die Wege geleitet. Kennedy fragt sich zwar, *ob Castro einen rationaleren Kurs eingeschlagen hätte, wenn die Regierung der Vereinigten Staaten den Diktator Batista nicht so lange und so unkritisch unterstützt hätte und wenn sie dem feurigen, jungen Rebellen einen herzlicheren Empfang, besonders bei seiner Reise in unser Land, bereitet hätte*[198]. Selbstkritisch merkt er an: *Wir weigerten uns, Kubas verzweifeltem Verlangen nach wirtschaftlichem Fortschritt entgegenzukommen […]. Wir benutzten den Einfluss unserer Regierung, um die Interessen und Profite der privaten amerikanischen Gesellschaften zu fördern, die die Wirtschaft der Insel beherrschten.*[199] Aber es bleibt die Tatsache des Verrats an der Revolution.

Die «Brigade 2506» hingegen verkörpert seinen Wunschtraum einer antikommunistischen Guerillatruppe. Mit der Befreiung Kubas will Kennedy das Fanal für die *Gezeitenwende* im Ringen mit dem Kommunismus setzen. Nur zu gern lässt er sich von der CIA einreden, dieses Ziel sei durch den Einsatz einer kleinen Gruppe tapferer Männer zu erreichen. Zu Kennedys Lieblingslektüren gehören die James-Bond-Geschichten von Ian Fleming, und der hochgebildete und gutaussehende CIA-Mann Richard Bissell, der die Operation leitet, wirkt ein wenig wie Flemings Geheimagent. Trotz seiner Bedenken gibt Kennedy also grünes Licht.

Zwar ist Don Quijote ein schlechtes Vorbild für diejenigen, die unsere Außenpolitik gestalten – doch Hamlet ist es auch, hat Kennedy 1958 gesagt. Dadurch, dass er dem Abenteuer zugestimmt hat, wirkt er nun selbst wie Cervantes' romantischer Ritter; seine Weigerung, den Streitkräften den Einsatzbefehl zu geben, lässt ihn wie Shakespeares Zauderer erscheinen. Das wird in Moskau aufmerksam registriert.

«Der Westen tut nichts!» – Chruschtschow baut eine Mauer

Berlin ist damals der gefährlichste Ort der Welt. Dabei ist die geteilte Stadt weder für die eine noch für die andere Seite strategisch wichtig. Die Gefahr geht von der perversen Logik des Kalten Krieges aus. Denn sie verlangt, dass beide Seiten die Fähigkeit entwickeln, einander mehrfach auszulöschen, und dass sie glaubwürdig mit dem Einsatz ihrer Massenvernichtungswaffen drohen, falls ihre Interessen gefährdet werden. So wird die permanente Drohung mit einem globalen, nuklearen Selbstmordattentat zur Bedingung dafür, dass dieses Attentat nie stattfindet, dass der Kalte Krieg kalt bleibt. Dabei kann eine Fehlinterpretation der Absichten der Gegenseite, ein außer Kontrolle geratener Regionalkonflikt oder gar – wie in Stanley Kubricks Film «Dr. Strangelove» (1964) – die Wahnsinnstat eines Untergebenen jederzeit den «nuklearen Holocaust» auslösen. In Berlin stehen sich amerikanische und sowjetische Truppen an einer offenen Grenze gegenüber. Hier ist das Potenzial für eine Fehlkalkulation am größten. Berlin wirkt wie der Zünder des Atomkriegs.

Der Status der Stadt ist ein Überbleibsel des Zweiten Weltkriegs. Nach dem Sieg über Nazi-Deutschland sind die Siegermächte übereingekommen, Deutschland aufzuteilen und gemeinsam zu verwalten; die im sowjetisch besetzten Teil liegende deutsche Hauptstadt wird noch einmal geteilt. Als im Zuge des Kalten Krieges die rivalisierenden Mächte aus ihren Besatzungszonen zwei deutsche Staaten schaffen, liegen die drei westlichen Sektoren Berlins mitten in der kommunistisch beherrschten DDR. Aufgrund der vereinbarten «gemeinsamen Verantwortung» der Siegermächte für Berlin als Ganzes bleibt die Sektorengrenze auch dann offen, als der «Eiserne Vorhang» Osteuropa einschließlich der DDR vom Westen abriegelt.

Immer mehr Menschen fliehen aus der DDR nach West-Berlin und von dort per Flugzeug weiter in die Bundesrepublik, vor allem hochqualifizierte, leistungsbereite und idealistische junge Leute, darunter Ärzte, Lehrer und Wissenschaftler: die Elite der Gesellschaft. In manchen Teilen der DDR gibt es im Umkreis von 60 Kilometern keinen Arzt mehr. Zwischen Kriegsende und 1961 verlassen 4,7 Millionen Menschen den östlichen Teil Deutschlands; allein 1960/61 sind es 400 000. Das Ausbluten der DDR ist nicht nur für den von Moskau dort installierten kommunistischen Parteichef Walter Ulbricht ein Problem, der seit 1952 auf eine Abriegelung der Sektorengrenze in Berlin drängt. «Wenn der Sozialismus in der DDR nicht gewinnt, wenn sich der Kommunismus hier nicht als überlegen und lebensfähig erweist, dann haben wir nicht gewonnen», warnt Chruschtschows Stellvertreter Anastas Mikojan im Juni 1961. «Diese Angelegenheit ist für uns von grundlegender Bedeutung.» [200]

Chruschtschow, der sich gern als Schachspieler darstellt, in Wirklichkeit aber eher zum Pokern neigt, entscheidet sich charakteristischerweise für die Flucht nach vorn. Schon 1958 droht er, einen separaten Friedensvertrag mit der DDR abzuschließen, der Ulbrichts Regime die Kontrolle über alle Zugänge zum Westteil Berlins übertragen und die Rechtsgrundlage für die Anwesenheit westlicher Truppen in der Stadt aufheben würde. Der dann zu erwartende Kollaps West-Berlins würde nicht nur das Flüchtlingsproblem lösen, sondern das westliche Bündnis erschüttern.

Bundeskanzler Konrad Adenauer, misstrauisch gegen den deutschen Nationalismus und die deutsche Neigung zum antiwestlichen Affekt, hat gegen starke Widerstände innerhalb und außerhalb seiner CDU seit 1949 alle sowjetischen Angebote zurückgewiesen, die Wiedervereinigung Deutschlands durch Neutralisierung zu erlangen. Den westdeutschen Teilstaat hat er in das westliche Militärbündnis NATO und die Europäische Wirtschaftsgemeinschaft EWG geführt. Dabei haben er und die USA immer an der Fiktion festgehalten, gerade dadurch werde man die Wiedervereinigung erreichen. Dieser Position hat sich inzwischen auch die SPD unter ihrem Vorsitzenden Willy Brandt angeschlossen, der zugleich Bürgermeister West-Berlins ist. Würden die USA die zweieinhalb Millionen West-Berliner zusammen mit dem Anspruch auf die Einheit Berlins aufgeben, so wäre die Politik Adenauers und Brandts desavouiert, das deutsche Vertrauen in die Bereitschaft der USA, notfalls zum Schutz Westdeutschlands einen Atomkrieg zu führen, erschüttert. Neutralistische und nationalistische Tendenzen könnten in der Bundesrepublik – und als Reaktion darauf auch im stets misstrauischen Frankreich und in Italien – die Oberhand gewinnen. Ein Rückzug der USA und ihrer Verbündeten aus Berlin kommt also nicht in Frage.

In der Vorbereitung seines Wahlkampfs betont Kennedy 1959 die Notwendigkeit, Amerikas Anwesenheit in Berlin notfalls mit einem Atomkrieg zu verteidigen: *Unsere Position in Europa ist einen Atomkrieg wert, denn wenn wir aus Berlin vertrieben werden, werden wir aus Deutschland vertrieben. Und wenn wir aus Europa vertrieben werden, werden wir aus Asien und Afrika vertrieben, und dann sind wir als Nächste dran. […] Wir müssen unsere Bereitschaft signalisieren, die ultimative Waffe einzusetzen.*[201] Doch es ist eine Sache, den Einsatz von Massenvernichtungswaffen als Oppositionspolitiker für den fiktiven Notfall zu fordern, eine andere, einen solchen Einsatz als Präsident in der Krise verantworten zu müssen. Zwei Jahre später beschreibt Kennedy seine Position wie folgt: *Wir kommen aus dieser absurden Situation nicht heraus. Es erscheint dumm, vor einem Atomkrieg zu stehen wegen eines Vertrags, der Berlin als zukünftige Hauptstadt eines vereinten Deutschlands vorsieht, obwohl wir alle wissen, dass Deutschland wahrscheinlich nie wiedervereinigt wird. Aber wir haben uns dazu verpflichtet, und die Russen auch, also können wir nicht zulassen, dass sie sich da herauswinden.*[202]

Eigentlich erfordert die Logik des Kalten Krieges, dass die verfeindeten Supermächte den Konfliktherd Berlin als potenziellen Auslöser der gegenseitigen Auslöschung beseitigen. *Alle Kriege beginnen aus Dummheit*, sagt Kennedy im Frühsommer 1961 seinem Berater O'Donnell. *Ich bin weiß*

Gott kein Isolationist, aber es scheint besonders dumm zu sein, den Tod einer Million Amerikaner wegen eines Streits über Zugangsrechte zu einer Autobahn in der Sowjetzone Deutschlands zu riskieren, oder weil die Deutschen die Wiedervereinigung wollen. Wenn ich Russland mit einem Atomkrieg heimsuchen soll, müssen die Gründe größer und wichtiger sein. Wenn ich Chruschtschow in eine Ecke dränge und ihn auf die finale Probe stelle, muss es um die Freiheit von ganz Westeuropa gehen.[203]

Im Juni 1961 unternimmt Kennedy den Versuch, durch ein direktes Treffen mit Chruschtschow in Wien die Lage zu entspannen. Die Gespräche sind ein Desaster; jedenfalls reist Kennedy mit diesem Eindruck ab. Beim letzten Treffen droht Chruschtschow offen mit einem Krieg wegen Berlin. Kennedy verabschiedet sich mit der Bemerkung: *Ja, wie es scheint, wird es einen kalten Winter geben.*[204] Möglicherweise jedoch hat das Wiener Treffen das weitere Vorgehen Chruschtschows entscheidend beeinflusst. Kennedy macht nämlich deutlich, dass er die Machtsphäre der Sowjetunion in Osteuropa respektiert und auch nichts gegen den Abschluss eines Friedensvertrags zwischen der Sowjetunion und der DDR habe, solange die Rechte der USA in West-Berlin gewahrt würden. Diese Ausführungen sind im Protokoll, das die sowjetische Seite von dem Gespräch anfertigt, kursiv hervorgehoben.[205] Die Botschaft an Chruschtschow lautet: Wenn er sein Flüchtlingsproblem praktisch lösen kann, ohne den Status West-Berlins politisch zu ändern, werden die USA nichts dagegen unternehmen.

Diese Haltung entspricht den internen Überlegungen der Administration. In einem Schreiben des US-Botschafters in Moskau heißt es bereits im März 1961: «Wenn wir von den Sowjets erwarten, das Berlin-Problem so zu belassen, wie es ist, dann müssen wir zumindest davon ausgehen, dass die Ostdeutschen die Sektorengrenze abriegeln.»[206] Senator William Fulbright, der Kennedys Überlegungen zu Berlin kennt und Vorsitzender des einflussreichen außenpolitischen Ausschusses des Senats ist, sagt dazu in einer

Talkshow am 30. Juli: «In Wahrheit haben die Russen ohnehin die Macht, […] ihre Grenzen zu schließen, ohne irgendwelche Verträge zu verletzen. Ich verstehe nicht, weshalb die Ostdeutschen ihre Grenze nicht schließen, denn sie haben meines Erachtens das Recht, sie zu schließen.» [207] Wobei die DDR – oder vielmehr die Sowjetunion – zweifellos die Macht dazu hat; das Recht allerdings nicht, denn die Abkommen über den Viermächtestatus von Berlin fordern die freie Bewegung aller Bürger innerhalb der Stadt.

Doch schon bei seiner Fernsehansprache zur Berlin-Krise fünf Tage vor Fulbrights Auftritt hat Kennedy drei «Essentials» benannt, die für die USA nicht verhandelbar seien: Die Anwesenheit westlicher Truppen in West-Berlin, das Selbstbestimmungsrecht West-Berlins und die ungehinderte Zufahrt nach West-Berlin. Von Berlin als Ganzes ist nur in allgemeinen Wendungen die Rede.[208] Im Gespräch mit Walt Rostow erläutert Kennedy Anfang August seine Haltung: *Chruschtschow verliert Ostdeutschland. Das kann er nicht zulassen. Wenn Ostdeutschland verloren geht, folgt Polen, dann ganz Osteuropa. Er wird etwas tun müssen, um den Flüchtlingsstrom zu stoppen. Vielleicht eine Mauer. Und wir werden das nicht verhindern können. Ich kann das Bündnis zusammenhalten, um West-Berlin zu verteidigen, aber ich kann nichts tun, um Ost-Berlin offen zu halten.* [209]

Am 13. August 1961 ist es so weit. Einheiten der Volksarmee und der Betriebskampfgruppen der DDR errichten Stacheldrahtsperren entlang der Grenze zum sowjetischen Sektor Berlins. Da sie seit Monaten damit rechnet, reagiert die Kennedy-Regierung auf die Selbsteinmauerung des kommunistischen Regimes gelassen. In der Nacht des Mauerbaus erholt sich der Präsident in Hyannis Port und bricht seinen Urlaub auch nicht wegen Berlin ab. Für Kennedy muss es so aussehen, als wäre Chruschtschow von dem offensiven Kurs abgerückt, den er noch in Wien vertreten hat. Der Mauerbau erscheint darum nicht als Provokation, sondern als Friedensangebot: *Warum sollte Chruschtschow eine Mauer errichten,*

Der Bau der Berliner Mauer, August 1961, an der Bezirksgrenze Kreuzberg/Mitte, Blick von der Lindenstraße in die Zimmerstraße

wenn er wirklich West-Berlin einnehmen wollte? […] Dies ist sein Ausweg aus seinem Dilemma. Es ist keine besonders schöne Lösung, aber verdammt noch mal: a wall is better than a war.[210]

Diese Einschätzung wird vom britischen Premier Harold MacMillan geteilt – und insgeheim auch von Konrad Adenauer, der gerade seine Kanzlerschaft im Wahlkampf gegen den Sozialdemokraten Willy Brandt verteidigt und nicht daran denkt, ihn abzubrechen, um Solidarität mit den Berlinern zu demonstrieren. Einen Tag nach dem Mauerbau greift der Bundeskanzler in Regensburg sogar den West-Berliner Bürgermeister in Anspielung auf dessen uneheliche Geburt und seine Emigration während der Nazizeit als «Herr Brandt alias Frahm» an. Brandt ist über die Untätigkeit der Regierungen in Washington und Bonn empört. Unterstützt wird er von den Zeitungen des Axel-Springer-Konzerns. Am 16. August erscheint die «Bild»-Zeitung mit der zutreffenden Schlagzeile: «Der Westen tut NICHTS! Präsident Kennedy schweigt … MacMillan geht auf die Jagd … und Adenauer schimpft auf Willy Brandt».

Am selben Tag schreibt Brandt einen wütenden Brief an Kennedy: «Die illegale Souveränität der Ostberliner Regierung ist durch Hinnahme anerkannt worden», analysiert er. Durch das «Herausdrängen aus Gebieten der gemeinsamen Verantwortung (Berlin und Deutschland als Ganzes)» werde «das gesamte westliche Prestige berührt». Man befinde sich in einem «Zustand vollendeter Erpressung». Wenn schon nicht militärisch gehandelt werde, sei es nötig, «wenigstens politische Initiative zu zeigen». Es bedürfe «eines klaren Wortes, daß die deutsche Frage für die Westmächte keineswegs erledigt ist». Die Berlin-Frage gehöre vor die Vereinten Nationen. Am Ende aber «wird uns das Risiko letzter Entschlossenheit nicht erspart bleiben». Kennedy solle demonstrativ die amerikanische Garnison in Berlin verstärken. Denn die Untätigkeit der USA sei geeignet, Zweifel an «der Reaktionsfähigkeit und Entschlossenheit der drei Mächte zu wecken».[211]

Diesen Brief eines bloßen Bürgermeisters an den Präsidenten der USA, den Adenauer als «arrogant» bezeichnet,[212] empfindet Kennedy als *demagogisch*[213]. Er offenbart zudem, dass der mögliche künftige Kanzler der Bundesrepublik Deutschland die amerikanische Grundposition in der Berlin-Frage nicht begreift. Darum schreibt Kennedy am 18. August einen geheimen Brief an Brandt: *Allgemein möchte ich Sie […] dringend bitten, daß wir uns nicht von sowjetischen Aktionen erschüttern lassen dürfen, die in sich ein Schwächebekenntnis darstellen. […] So ernst die Sache ist, so stehen uns jedoch, wie Sie schreiben, keine Schritte zur Verfügung, die eine wesentliche materielle Änderung in der augenblicklichen Situation erzwingen können. Da die brutale Abriegelung der Grenzen ein schallendes Bekenntnis des Scheiterns und der politischen Schwäche darstellt, handelt es sich offensichtlich um eine grundlegende sowjetische Entscheidung, die nur ein Krieg rückgängig machen könnte. Weder Sie noch irgendeiner unserer Verbündeten haben je angenommen, daß wir wegen dieses Streitpunkts einen Krieg beginnen sollten.*

[…] Dennoch ist die sowjetische Aktion zu ernst für unzulängliche Gegenschritte. Ich selbst lehne die meisten Maßnahmen, die vorgeschlagen worden sind – selbst die meisten Vorschläge in Ihrem Brief – deshalb ab, weil sie nur Kinderspiel sind im Vergleich zu dem, was geschehen ist.[214]

West-Berlin aber solle sich von Wiedervereinigungsträumen verabschieden: *So wichtig die Verbindungen zum Osten gewesen sind, so schmerzlich ihr Abbruch auch ist, so läuft das Leben der Stadt, so wie ich es verstehe, doch in erster Linie zum Westen hin – ihr Wirtschaftsleben, ihre moralische Basis und ihre militärische Sicherheit. Sie werden vielleicht konkrete Möglichkeiten erwägen und vorschlagen wollen, wie diese Bindungen […] erweitert werden können.*[215]

Bereits eine Woche nach dem Mauerbau unterrichtet Kennedy die Regierungen Frankreichs und Großbritanniens, dass er die Sowjetunion zu Verhandlungen über Berlin einladen wolle. Zwar kommt es zweimal noch zu militärisch gefährlichen Situationen: Am 18. August schickt Kennedy 500 amerikanische Soldaten über die Autobahn nach West-Berlin, wo nur 12 000 westliche Truppen etwa 350 000 sowjetischen Soldaten gegenüberstehen. Und im Oktober kommt es zu einer Konfrontation zwischen amerikanischen und sowjetischen Panzern am Sektorenübergang Checkpoint Charlie. Insgesamt jedoch markiert der 13. August den Punkt, an dem die Supermächte ihre Differenzen in Europa mit einem Kompromiss bereinigen. Berlin entwickelt sich über die nächsten Jahre und Jahrzehnte vom potenziellen Kriegsherd zum eingefrorenen Symbol des Kalten Krieges, bis am 9. November 1989 zur großen Überraschung aller Beteiligten die Mauer fällt – und mit ihr das System, das diese Mauer zum Einsperren der eigenen Bevölkerung bauen musste.

«Ich bin ein Berliner!»

Die Mauer in Berlin sichert den Status quo und damit Frieden in Europa. Die Kosten freilich tragen die Deutschen, vor allem die Ostdeutschen. Die Teilung wird zementiert, der Weg in den Westen ist versperrt. Bei allen rhetorischen Bekenntnissen zur deutschen Wiedervereinigung und zur deutsch-amerikanischen Freundschaft hält sich Kennedys Mitgefühl mit den eingemauerten Bürgern der DDR in Grenzen. Dem schockierten westdeutschen Botschafter in Washington sagt er unmittelbar nach dem Mauerbau: *Die Ostdeutschen hatten schließlich 15 Jahre Zeit gehabt, nach dem Westen zu gehen, wenn sie nicht unter dem Kommunismus leben wollten.*[217] In allen westlichen Hauptstädten hegt man auch Misstrauen gegen die Absichten der Regierung in Bonn. Schließlich sind erst 15 Jahre nach Kriegsende vergangen. Und mit der Entführung Adolf Eichmanns nach Israel und der Vorbereitung eines Prozesses gegen den Organisator der «Endlösung» wird auch in Amerika die Geschichtsverdrängung kritisch beleuchtet, die mit dem Aufstieg der Bundesrepublik einhergegangen ist.

Gleich zu Beginn seiner Amtszeit zieht Kennedy die Zusage Eisenhowers zurück, der Bundesrepublik Atomwaffen zu geben oder ihr ein Mitspracherecht bei deren Einsatz einzuräumen. Nach dem Wiener Gipfel klagt er, *dass wir Riesensummen für die Verteidigung Westeuropas und besonders Westdeutschlands ausgeben, während Westdeutschland zur dynamischsten Industriemacht der Welt avanciert* und die USA unter einem Zahlungsdefizit leiden. Das reiche der Bonner Regierung wohl nicht: *Die Westdeutschen hätten es gern, wenn wir die Russen aus Ostdeutschland verjagen.*[216] Bei aller antikommunistischen Freiheitsrhetorik jedoch denkt Kennedy nicht daran.

Die Bereitschaft Kennedys, die faktische Aufhebung der Viermächteverantwortung für Berlin im Interesse eines Abbaus der Kriegsgefahr hinzunehmen, führt allerdings auch innerhalb der westlichen Allianz zu Spannungen. Während der britische Premier Harold MacMillan die Linie Kennedys unterstützt, benutzt Frankreichs Präsident Charles de Gaulle den Schock und die Bitternis der Deutschen, um die politische Klasse für seine Vision eines atomar bewaffneten, von den «Angelsachsen» unabhängigen europäischen Blocks unter Führung Frankreichs zu gewinnen.

Der bereits vor Kennedys Amtsantritt begonnene Rückzug der Franzosen aus den gemeinsamen militärischen Kommandostrukturen der NATO wird beschleunigt, und als er am 14. Januar 1963 sein Veto gegen den britischen Antrag auf Mitgliedschaft in der EWG bekannt gibt, begründet de Gaulle sein «Non» explizit mit Großbritanniens Nähe zu den USA. Aus dem kontinentalen Block der sechs Gründungsmitglieder würde nach einem britischen Beitritt «eine kolossale atlantische Gemeinschaft, abhängig und geführt von Amerika»[218]. Vor diesem Hintergrund ist Jacquelines Bemerkung zu verstehen: «Im Grunde genommen mochte [Jack] die Franzosen nicht, und ich kann die Franzosen nicht ausstehen. [...] Wissen Sie, sie sind wirklich nicht sehr nett. Ihnen geht es nur um sich selber.» De Gaulle habe dem Präsidenten «nur Ärger» gemacht.[219]

Ärger machen aber auch die Westdeutschen. Im April 1962 legt die US-Regierung ihren Verbündeten ein Positionspapier zu Verhandlungen mit der Sowjetunion vor. Ziel soll der Abbau der Spannungen in Deutschland auf der Grundlage des Status quo sein. Zentraler Punkt ist eine Übereinkunft der Supermächte, keinem der beiden deutschen Staaten den Besitz von Atomwaffen zu gestatten und keine gewaltsame Veränderung der bestehenden Grenzen anzustreben oder zuzulassen. Die freie Zufahrt zwischen der Bundesrepublik und West-Berlin soll durch eine internationale Behörde geregelt werden, in der auch beide deutsche Staaten Sitz und Stimme haben.

Die Bundesregierung ist schockiert. Für Adenauer ist die amerikanische Position unakzeptabel, weil sie die Bundesrepublik im Verhältnis zu den atomar bewaffneten Mittelmächten Großbritannien und Frankreich zum Verbündeten zweiter Klasse degradiert; weil sie die faktische Anerkennung der von der Bundesrepublik nicht anerkannten Ostgrenze zu Polen an Oder und Neiße bedeutet; und weil sie die ebenfalls von der Bundesrepublik nicht anerkannte «sogenannte DDR» durch die Mitgliedschaft in einer internationalen Behörde diplomatisch aufwertet. Gegenüber seinem Berater Hans Globke meint Adenauer: «Bleibt nur der Block Frankreich und Deutschland.»[220] Am 14. Mai 1962 sorgt der Bundeskanzler durch eine gezielte Indiskretion dafür, dass die bis dahin geheim gehaltene amerikanische Verhandlungsposition in den deutschen Medien bekannt wird. Es folgt ein Sturm der Entrüstung. Die geplanten Verhandlungen mit der Sowjetunion werden infolge der «Leckkrise» abgeblasen.[221] Über Adenauer klagt Kennedy: *Ich habe den Eindruck, nicht nur mit einer anderen Generation zu reden, sondern mit einer anderen Welt.*[222]

Es sind vor allem die gaullistischen und antiamerikanischen Tendenzen in der Bundesrepublik, die Kennedy bewegen, zwei Jahre nach dem Mauerbau – aber eben erst zwei Jahre danach! – eine Reise nach Deutschland zu unternehmen. Die Demonstration seiner Popularität soll der deutschen politischen Klasse klarmachen, dass eine antiamerikanische Politik keinen Rückhalt in der Bevölkerung hat. In der Frankfurter Paulskirche fordert er, an die deutschen Gaullisten gerichtet, Europa müsse *eine Weltmacht* werden, die *als gleichberechtigter Partner* der USA die *Weltprobleme* anpacke.[223] Das geht ja nur mit Großbritannien.

In West-Berlin erlebt Kennedy einen Triumph. In seiner Rede vor dem Schöneberger Rathaus[224], die in dem berühmten, auf Deutsch gesprochenen Satz *Ich bin ein Berliner!* – in der Transkription des sprachunbegabten Kennedy: *Ish bin ein Bearleener* – gipfelt, scheint Kennedy zwar jedes Arrangement mit den Kommunisten auszuschließen; anschließend jedoch spricht er vor den – damals militant antikommunistischen – Studenten der Freien Universität und entwirft die Perspektive einer neuen Ostpolitik: *Wenn wir für die Zukunft dieser Stadt arbeiten wollen, dann lassen Sie uns mit den Gegebenheiten fertigwerden, so wie sie wirklich sind, und nicht so, wie wir uns wünschen, dass sie gewesen wären. […] Es ist wichtig für die Menschen, die in der Beengtheit östlich von uns leben, dass die Verbindung mit der westlichen Gesellschaft aufrechterhalten wird mit Hilfe aller erreichbaren Berührungspunkte und Kontaktmöglich-*

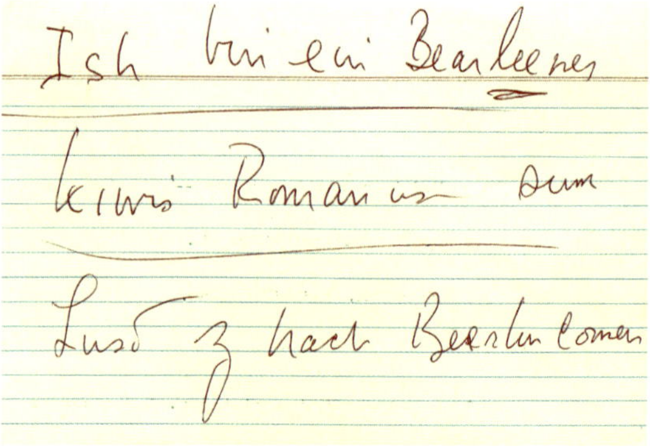

Handschriftliche Notiz Kennedys für seine Rede vor dem Schöneberger Rathaus, in phonetischer Umschrift: «Ish bin ein Bearleener»

keiten und durch ein Höchstmaß an Handelsbeziehungen, soweit es unsere Sicherheit erlaubt. Wir können Entspannung suchen, ohne unsere Wachsamkeit zu lockern. [225]

Mit seinem Deutschland-Besuch erzielt Kennedy genau die erwünschte Wirkung. Zwar mosert der ihn nach Berlin begleitende Adenauer angesichts des frenetischen Jubels, so etwas mache ihm Angst, weil es ihn an die Begeisterung für Hitler erinnere.[226] Aber die Option, die «französische Karte» gegen die USA auszuspielen, wird im Kanzleramt stillschweigend fallengelassen. Brandt wiederum entwickelt auf der Basis der Ideen, die Kennedy in der Freien Universität dargelegt hat, seine Politik des «Wandels durch Annäherung».

Warum aber jubeln die Deutschen, zumal die West-Berliner? Unmittelbar nach dem Mauerbau hat Adenauers Minister für besondere Aufgaben, Heinrich Krone, in seinem Tagebuch notiert: «In der Berliner Bevölkerung herrscht Wut und Verbitterung. Verbitterung gegen den Westen, der nichts tut. Berlin fühlt sich verlassen.» [227] Warum hat sich zwei Jahre später die Stimmung geändert? Zum Teil wohl deshalb, weil der junge, charismatische Präsident auch in Deutschland, besonders bei den jungen Deutschen, jenes unbestimmte Gefühl von Zukunft und Aufbruch mobilisiert, das zu Beginn der 1960er Jahre nicht nur in Amerika in der Luft liegt. Mit seiner jugendlichen Ausstrahlung verkörpert Kennedy den

Kennedy im Juni 1963 auf einem Beobachtungsstand am Checkpoint Charlie in Berlin. Links Bundeskanzler Konrad Adenauer, dazwischen der Regierende Bürgermeister Willy Brandt

deutschen Traum von Amerika. Neben ihm wirken de Gaulle und Adenauer wie Relikte einer anderen Zeit.

Mit dem Mauerbau und der Erkenntnis, dass die Teilung des Landes allenfalls in einer fernen Zukunft überwunden werden kann, wendet sich der Westteil nach einem Augenblick der Schockstarre umso entschiedener politisch und kulturell dem Westen zu. Wenn Kennedy mit seinem Besuch den deutschen Politikern seine Popularität beweisen will, so wollen die Deutschen den amerikanischen Politikern ihre Treue beweisen.

Nicht zuletzt aber jubeln die Deutschen Kennedy 1963 zu, weil die Welt eine andere ist als die Welt von 1961. Dazwischen liegt die Raketenkrise um Kuba, die um Haaresbreite zum totalen Krieg geführt hätte und aus der Kennedy als der Mann hervorgegangen ist, der durch eine Mischung aus Besonnenheit und Härte die Welt gerettet hat.

Die Welt am Abgrund

Am 16. Oktober 1962 wird Kennedy mit Fotos konfrontiert, die von einem U2-Spionageflugzeug über Kuba gemacht worden sind und eindeutig belegen, dass die Sowjetunion auf der Insel Atomraketen installiert hat. Es sind, wie man inzwischen aus den sowjetischen Archiven weiß, insgesamt 60 Raketen verschiedener Reichweite mit Atomsprengköpfen, die zehn- bis 35-mal stärker sind als die Bombe, die Hiroshima zerstörte. Sie können innerhalb weniger Minuten amerikanische Städte wie Washington, Atlanta, Dallas und New Orleans auslöschen.

Diese Provokation erscheint auch im Rückblick rätselhaft, zumal nach dem Kompromiss um Berlin und der stillschweigenden Übereinkunft, die jeweiligen Einflusszonen zu respektieren. Vielleicht ist es wirklich so, wie Chruschtschow später behauptet, dass die Raketen vor allem eine «spürbare wirksame Abschreckungsmaßnahme gegen eine amerikanische Einmischung» in Kuba darstellen sollen.[228] Dafür spricht, dass auch Kurzstreckenraketen mit Atomsprengköpfen geliefert werden, die eine amerikanische Invasionstruppe vernichten können, und dass Chruschtschow für den Fall eines amerikanischen Angriffs den sowjetischen Kommandeuren in Kuba die Entscheidungsgewalt über den Einsatz der Atomwaffen überlässt.

Vielleicht ist Chruschtschows Schritt aber auch eine panikartige Reaktion auf die zunehmend deutlicher werdende atomare Überlegenheit der USA. Im Zuge der Berlin-Krise hat Kennedy nämlich die von ihm selbst in die Welt gesetzte Fiktion der «Raketenlücke» als kontraproduktiv erkannt und durch den stellvertretenden Verteidigungsminister erklären lassen: «Wir besitzen eine Zweitschlagkapazität, die mindestens so umfangreich ist wie das, was die Sowjets mit einem ersten Schlag liefern können. Deshalb gehen wir zuversichtlich davon aus, dass die Sowjets keinen großen atomaren Konflikt provozieren werden.»[229] In seinen Memoiren schreibt Chruschtschow: «Unsere Raketen hätten das ‹Mächtegleichgewicht›, wie es der Westen gern nennt, ausgeglichen. Die Amerikaner [...] würden lernen, wie einem zumute ist, wenn feindliche Raketen auf einen gerichtet sind; wir würden nichts weiter tun als ihnen mit gleicher Münze heimzahlen.»[230]

Hält der sowjetische Führer Kennedy wegen seiner Untätigkeit in Berlin für so schwach, dass er eine solche Veränderung des Machtgleichgewichts hinnehmen wird? Chruschtschow muss klar sein, dass kein amerikanischer Präsident das könnte. Eine Mauer im fernen Berlin ist eine Sache, Atomraketen vor der Küste Floridas eine völlig andere. Was auch immer seine Motive sein mögen: Chruschtschow erweist sich hier als Hasardeur.

Das Problem für Kennedy besteht darin, dass er keine Möglichkeit hat, die Absichten seines Gegners zu kennen und dessen Reaktionen vorherzusehen. Besonders beunruhigend und verletzend für Kennedy ist die Tatsache, dass Chruschtschow ihn hintergangen hat. Denn über einen geheimen Briefwechsel mit dem sowjetischen Führer sowie durch geheime Kontakte seines Bruders Robert mit einem als Journalist getarnten Agenten des sowjetischen Geheimdienstes KGB, Georgij Bolschakow, versucht Kennedy seit der Berlin-Krise, eine Eskalation zu vermeiden. *Wenn Chruschtschow meine Nase in den Staub reiben will, ist alles vorbei.*[231] So gerät eine Auseinandersetzung um das Überleben der Menschheit zum Pokerspiel.

Kennedy ist in diesen Tagen stark von Barbara Tuchmans Buch «August 1914» beeindruckt, in dem die Historikerin die Ereignisse analysiert, die zum Ersten Weltkrieg geführt haben. Gegenüber Robert bemerkt er, dass damals keine Seite den Krieg gewollt habe, dass aber Fehleinschätzungen, Dummheit, Minderwertigkeitskomplexe oder Größenwahn, der Wunsch nach absoluter Sicherheit, der Stolz und die Angst vor Gesichtsverlust Nationen in den Untergang reißen könnten. *Die große Gefahr, das große Risiko hierbei ist eine Fehlkalkulation, ein Fehlurteil.*[232] Anlässlich der Berlin-Krise hat Kennedy die möglichen Kosten einer solchen Fehlkalkulation ausrechnen lassen.[233]

Die von der Eisenhower-Regierung aufgestellten Pläne sehen im Fall eines bewaffneten Konflikts den atomaren Erstschlag gegen die Sowjetunion vor, bei dem 3432 Atombomben gegen 1077 «militärische und städtisch-industrielle Ziele» eingesetzt werden. Nach diesem Plan «SIOP-62» würden 54 Prozent der sowjetischen Bevölkerung – 71 Prozent der städtischen Bevölkerung – innerhalb der ersten 72 Stunden getötet werden: über 100 Millionen Menschen.

Gemäß der Kennedy-Strategie der «flexiblen Antwort» arbeitet der Wirtschaftsprofessor Carl Kaysen im Auftrag von McNamara den Plan eines begrenzten Erstschlags aus, der nur die sowjetischen Atomwaffen ausschalten soll und bei dem «nur» mit bis zu einer Million Toten zu rechnen wäre. Sollte dieser Angriff jedoch nicht alle sowjetischen Raketen und Bomber treffen, würde ein Gegenangriff auf Städte wie New York und Chicago zwischen fünf und zehn Millionen Tote kosten. Dem Präsidenten bliebe dann nichts übrig, als mit einem Zweitschlag «Plan SIOP-62» doch noch in Gang zu setzen. «In einem thermonuklearen Krieg ist es leicht, Menschen zu töten», bemerkt Kaysen bei der Vorstellung seines Plans trocken.

Angesichts der Kaltblütigkeit, mit der im Militär über Opferzahlen diskutiert wird, und eingedenk des Fiaskos in der Schweinebucht verlässt sich Kennedy bei dieser zweiten Kubakrise nicht allein auf den Rat der Generalstabschefs und der CIA, sondern bildet unter dem Vorsitz Roberts einen geheimen Krisenstab, das «Executive Committee»

(EXCOM), das die ranghöchsten Militärs und Geheimdienstleute sowie Kennedys wichtigste Berater umfasst. Das EXCOM tagt dreizehn Tage lang fast ununterbrochen und legt dem Präsidenten «Optionen» zur Entscheidung vor. Diese sind: Ignorierung der Raketen; Geheimverhandlungen mit Chruschtschow, um die Situation zu entschärfen; eine Seeblockade der Insel, um die Lieferung weiterer sowjetischer Waffen zu unterbinden; ein «chirurgischer» Luftangriff auf die Raketenstellungen; eine Invasion Kubas.

Die ersten beiden Optionen kommen nicht in Frage. Abgesehen von der Lehre aus «München», dass die Beschwichtigung von Diktatoren am Ende doch zum Krieg führt, ist es unmöglich, die Existenz der Raketen auf Kuba auf Dauer geheim zu halten. Die mediale Empörung über einen als schwach empfundenen Präsidenten würde Kennedy politisch nicht überleben. Schon ein Jahr zuvor hat ihn der Herausgeber der «Dallas Morning News» bei einem Mittagessen mit texanischen Verlegern im Weißen Haus offen wegen seiner außenpolitischen Nachgiebigkeit angegriffen. «Draußen im Land hält man Sie und Ihre Regierung für schwache Schwestern», schimpft Ted Dealey. Der Präsident müsse ein «Mann hoch zu Ross» sein, Kennedy wirke aber wie einer, «der Carolines Dreirad fährt».[234]

Die Militärs im EXCOM befürworten einen Luftangriff, gefolgt von einer Invasion und begleitet von einer Seeblockade. Anfänglich neigt Kennedy auch dieser Option zu. Da mit einer massiven sowjetischen Vergeltung gerechnet werden muss, werden die US-Truppen weltweit – zum ersten und letzten Mal im Verlauf des Kalten Krieges – in die Alarmstufe «DEFCON 2» versetzt, die Vorstufe zum Atomkrieg. Bombenflugzeuge starten, Interkontinentalraketen werden entsichert und startklar gemacht, U-Boote mit «Polaris»-Raketen in Richtung sowjetische Gewässer in Marsch gesetzt. Wie wir heute wissen, hätte bereits der von den Militärs empfohlene «chirurgische» Luftangriff, spätestens aber eine Invasion vermutlich direkt in den totalen Krieg geführt. Denn der

Geheimdienst hat die Stärke der sowjetischen Truppen auf Kuba unterschätzt; er kennt nicht alle Abschussrampen; er weiß nicht, dass die örtlichen sowjetischen Kommandeure befugt sind, Atomwaffen gegen amerikanische Landungstruppen einzusetzen. Eine einzige Atombombe auf eine amerikanische Stadt oder auf amerikanische Soldaten hätte aber den Präsidenten gezwungen, für die im Plan «SIOP-62» vorgesehene massive Vergeltung grünes Licht zu geben.

Obwohl Kennedy 1962 nicht wissen kann, wie gefährlich die Situation tatsächlich ist, entscheidet er sich wegen der Gefahr einer unkontrollierbaren Eskalation schließlich für die Blockade – gegen den Widerstand der vereinigten Stabschefs, also des gesamten militärischen Oberkommandos. Bei einer Besprechung der Stabschefs mit Kennedy am 19. Oktober sagt Luftwaffenchef Curtis LeMay: «Ich kann gar nicht genug betonen, dass wir keine andere Möglichkeit haben als eine direkte militärische Aktion. […] Eine Blockade und politische Verhandlungen führen meiner Ansicht nach zum Krieg. […] Das ist fast so schlimm wie der Appeasement-Kurs in München.»[235] Und nachdem Kennedy den Raum verlassen hat, entspinnt sich folgendes – heimlich vom Präsidenten mitgeschnittenes – Gespräch unter den Generälen:

> «David Shoup (Stabschef der Marines, zu LeMay): Sie haben ihm glatt den Teppich unter den Füßen weggezogen. […] Wenn sie ‹Eskalation› sagen, dann war es das. Jemand muss ihn davon abbringen, sonst geht der verdammte Mist immer so weiter. Das ist unser Problem. Geh da rein und mach die Raketen platt, und du bist am Arsch. Geh da rein und mache irgendwas platt, und du bist am Arsch.
> LeMay: Richtig.
> Shoup: Wir sind am Arsch, am Arsch, am Arsch, am Arsch. Warum kann er nicht sagen, dass sie den Hundesohn erledigen, und zwar richtig, und aufhören herumzusülzen. […] Man muss reingehen und alles ausschalten, was einen daran hindert, seinen Job zu machen.

Earle Wheeler (Stabschef des Heeres): Ich hab gleich rausgehört, dass er auf die Blockade und eine politische Lösung hinaus will. [Kennedy glaubt:] Wenn wir Castro kaltmachen, macht Chruschtschow Willy Brandt kalt.»[236]

Am 22. Oktober verurteilt der Präsident in einer Fernsehansprache an die Nation – und an die Gegenseite – die *absichtlich provokative und nicht zu rechtfertigende Veränderung des Status quo, die von diesem Land nicht hingenommen werden kann, wenn unsere Freunde oder unsere Feinde jemals wieder Vertrauen in unseren Mut und unsere Zuverlässigkeit haben sollen*[237]. Chruschtschow fordert er auf, die Aufstellung der Raketen zu stoppen und sie von Kuba abzuziehen; so lange werde über die Insel eine «Quarantäne» verhängt. Sechs Tage nachdem Kennedy von der Existenz der Raketen auf Kuba erfahren hat, beginnt damit eine Woche, in der die Welt den Atem anhält. 180 Kriegsschiffe bilden einen Ring um die Insel. Während sowjetische Handelsschiffe mit Atomraketen und Soldaten an Bord, begleitet von sowjetischen U-Booten mit Atomtorpedos, auf die amerikanischen Kriegsschiffe zusteuern, bleibt Kennedy und Chruschtschow eine kurze Zeit, die schon brennende Lunte auszutreten.

Über seine Kontakte zu Bolschakow und dem sowjetischen Botschafter Anatolij Dobrynin versucht Robert Kennedy herauszufinden, wie Chruschtschow zum Rückzug bewegt werden kann. *Wir wollen ihn nicht zu einer übereilten Handlung bewegen – geben wir ihm Zeit zum Überlegen.* So lautet Kennedys Anweisung an den Bruder. *Ich will ihn nicht in eine Ecke drängen, aus der er nicht herauskommen kann.*[238]

Tatsächlich ist Chruschtschow in Panik. Schon im November 1961 hat er an Kennedy geschrieben: «Sie müssen begreifen, dass ich nicht weiter zurückweichen kann, hinter mir tut sich ein Abgrund auf.»[239] Von Hardlinern in der eigenen Führung, von den chinesischen Rivalen und nicht zuletzt von den Kubanern selbst wird er bedrängt, hart zu

Mit Nikita Chruschtschow in Wien, Juni 1961

bleiben; Castro fordert ihn sogar auf, einen atomaren Erstschlag gegen die USA zu führen. Laut Schlesinger glaubt Kennedy, *dass Herr Chruschtschow und ich innerhalb unserer jeweiligen Regierungen ungefähr die gleiche politische Position einnehmen. Er möchte gern einen Atomkrieg verhindern, steht aber unter äußerstem Druck seiner Hardliner, die jeden Schritt in diese Richtung als Appeasement ansehen. Ich habe ähnliche Probleme.*[240]

Es sind ja in Amerika nicht nur die Militärs, die Appeasement wittern. Als Kennedy die Fraktionsführer des Senats und des Abgeordnetenhauses über die Lage unterrichtet, sind sie, wie die Generäle, für direkte militärische Aktionen. In einem Telefongespräch mit Robert einen Tag nach der Verhängung der Blockade überlegt Kennedy, wie der Kongress reagiert hätte, wenn er sich gleich auf Verhandlungen mit Chruschtschow eingelassen hätte: *Sie hätten mich des Amtes enthoben. Ich glaube, sie hätten das [Amtsenthebungs-]Verfahren eingeleitet. Ich wäre nicht überrascht, wenn sie gleich nach dieser Wahl [den Kongresswahlen 1962] ein Verfahren einleiten mit der*

Begründung, dass ich dies gesagt und jenes nicht getan oder zugelassen habe.[241]

In der Tat hat die «Quarantäne»-Politik eine entscheidende Schwäche: Sie überlässt die Entscheidung über Krieg und Frieden dem Hasardeur Chruschtschow. Während die sowjetischen Schiffe weiter in Richtung Kuba dampfen, kann Kennedy nichts tun außer warten. Der mächtigste Mann der Welt ist machtlos: unfähig, die Ereignisse zu beeinflussen. Am Mittwoch, dem 24. Oktober, nähern sich die ersten sowjetischen Schiffe dem Blockadering. Robert Kennedy beschreibt die Atmosphäre bei der EXCOM-Sitzung: Der Präsident «öffnete und schloss die Faust. Sein Gesicht schien abgehärmt, die Augen voller Schmerz, fast grau. Wir starrten einander über den Tisch hinweg an. Für einige flüchtige Sekunden schien es, als wäre sonst niemand da, als wäre er nicht mehr der Präsident.»[242]

Um 10 Uhr 32 kommt die erlösende Nachricht: Sechs sowjetische Schiffe haben abgedreht. Die Krise ist zwar noch nicht beendet; aber im Pokerspiel hat Chruschtschow – wie in Berlin – Nerven gezeigt. Als Bedingung für den Abzug der Raketen fordert er eine öffentliche Erklärung, der zufolge die USA auf eine Invasion Kubas verzichten. Kennedy sichert ihm das zu. Kaum scheint eine Einigung erreicht, fordert Chruschtschow zusätzlich den Abzug amerikanischer Atomraketen aus der Türkei. Gebe Kennedy dieser neuen Forderung nach, sagen die Militärs, zeige er Chruschtschow und den Verbündeten, dass er erpressbar sei. Zuerst sieht es so aus, als ob damit ein Konflikt unausweichlich wäre. Kennedy aber lässt Chruschtschow über Roberts Kontakt wissen, dass er auch hier bereit ist, nachzugeben, aber nur unter der Bedingung, dass Chruschtschow diesen Teil der Abmachung geheim hält, keine weiteren Bedingungen stellt und öffentlich den Abzug der Raketen innerhalb von 24 Stunden bekannt gibt. Kurz vor Ablauf des Ultimatums verkündet Radio Moskau die erlösende Nachricht: Die Raketen werden abgezogen. Nach dreizehn Tagen ist die Krise beigelegt.

Kennedys Triumph ist vollkommen: *Zukünftige Historiker mögen beim Rückblick auf 1962 dieses Jahr als den Zeitpunkt bezeichnen, da die Gezeiten der internationalen Politik endlich in Richtung der Welt der Vielfalt und der Freiheit zu fließen begannen*, schreibt er im Vorwort zu seinen Reden und Schriften aus dem Jahr 1962. Denn *nichts hat entscheidender dazu beigetragen, die Luft aus der Vorstellung sowjetischer Unbesiegbarkeit abzulassen, als die amerikanische Antwort auf die sowjetischen Provokationen in Kuba. Die Verbindung von Festigkeit und Zurückhaltung angesichts der ernstesten Bedrohung des Weltfriedens seit 1939 trug viel dazu bei, dem Rest der Welt sowohl hinsichtlich unserer nationalen Willensstärke wie auch unserer nationalen Urteilsfähigkeit ein Gefühl der Sicherheit zu geben. Am Ende des Jahres bleiben zwar bedrohliche Probleme. […] Doch wurde es zunehmend deutlich, dass die wuchtige Offensive der Jahre nach Sputnik gestoppt worden war.*[243] Im privaten Gespräch genießt er auch den persönlichen Sieg über Chruschtschow: *Ich habe ihm die Eier abgeschnitten.*[244] Zwei Jahre später wird Chruschtschow gestürzt. Einer der Gründe ist sein «Jonglieren mit dem Schicksal der Welt» in Kuba.[245]

Dass die kommunistische Offensive in Kuba gestoppt worden sei, können Historiker im Rückblick nicht feststellen. In den kommenden Jahren und Jahrzehnten werden russische, chinesische und auch kubanische Berufsrevolutionäre und Militärs

Kommunistische Führer über die Raketenkrise

Fidel Castro
«Die mir zur Verfügung stehende Analyse […] lässt mich zur Überzeugung gelangen, dass eine Invasion direkt bevorsteht […]. Dies wäre der Moment, um eine derartige Aggression für alle Zeiten zu unterbinden, und zwar durch einen Akt legitimer Selbstverteidigung – so hart und schrecklich eine derartige Lösung auch sein mag, denn es gibt keine andere.»
(Mitteilung an Nikita Chruschtschow, 26. Oktober 1962)

Ernesto «Che» Guevara
«Dieses Land [Kuba] ist bereit, in einem unvorstellbar zerstörerischen Atomkrieg alles zu riskieren, um ein Prinzip zu verteidigen.»
(Bei den Verhandlungen mit der Sowjetunion in Jalta über die Aufstellung von Atomraketen auf Kuba, 1962

«Wären die Raketen geblieben, hätten wir sie alle zur Verteidigung gegen die Aggression verwendet und gegen das Herz der Vereinigten Staaten gerichtet, einschließlich New York.»
(Interview mit der Zeitung der Kommunistischen Partei Großbritanniens, 1963) ➲

in Asien, Afrika und Lateinamerika noch viele Erfolge feiern, vor allem in Vietnam. Die entscheidende Wende kommt erst, als die sowjetische Armee nach dem Einmarsch in Afghanistan 1979 von amerikanisch ausgerüsteten islamischen Rebellen zermürbt wird.

Stellvertreterkriege an der Peripherie werden die kommenden Jahrzehnte prägen. Aber mit der Entschärfung der Konfliktherde in Berlin und Kuba kann sich die Logik des Atompatts der Supermächte voll entfalten. Die ultimativen Waffen relativieren Begriffe wie Freiheit oder Kommunismus. Passend erscheint die Abkürzung der von den Militärs fortan verfolgten Strategie der «Mutually Assured Destruction», der garantierten gegenseitigen Vernichtung: MAD. So verrückt diese Strategie auch ist, sie garantiert den Frieden, solange beide Seiten davon ausgehen, dass die andere nicht freiwillig die Auslöschung wählt.

Verhandlungen mit der Sowjetunion bringen in Kennedys letztem Jahr als Präsident die Einrichtung des ersten «heißen Drahts» zwischen Moskau und Washington, das Abkommen über ein Verbot von Atomtests in der Erdatmosphäre, unter Wasser und im Weltraum und die ersten Weizenverkäufe der USA an die Sowjetunion. Verhandlungen über die Nichtweitergabe von Atomwaffen werden eingeleitet, der Vertrag wird aber erst von Kennedys Nachfolger Johnson 1968 unterschrieben.

In seiner Rede an der American University vom 10. Juni 1963 – unmittelbar vor seinem Besuch in Berlin – entwirft Kennedy so-

Nikita Chruschtschow
»Wenn Sie nicht völlig den Kopf verloren haben und also klar sehen, was dies bei uns bewirken würde, dann, Herr Präsident, sollten Sie und ich nicht länger an jenem Strang ziehen, den Sie zu einem gordischen Knoten geknüpft haben. Wenn wir immer fester daran ziehen, wird auch der Knoten immer fester, bis derjenige, der ihn geknüpft hat, ihn nicht mehr lösen kann und ihn daher durchschlagen muss. Ich brauche Ihnen nicht zu erklären, was das bedeutet, denn besser als sonst jemand wissen Sie um die schreckliche Macht der Waffe, die unsere beiden Länder besitzen.»
(Mitteilung an John F. Kennedy, 26. Oktober 1962)

Mao Tse-tung
»Nur einer hat damals begriffen, worum es ging: Che Guevara.»
(Zum mexikanischen Präsidenten Luis Echeverria, 1973)

gar die Vision einer Welt, in der die beiden Supermächte gemeinsam den Weltfrieden garantieren: *Unter Frieden verstehe ich nicht eine Pax Americana, die der Welt durch amerikanische Waffen aufgezwungen wird. Ich spreche vom Frieden als dem notwendigen vernünftigen Ziel vernünftiger Menschen. Einige sagen, es sei sinnlos, von Weltfrieden oder einem Weltgesetz oder von weltweiter Abrüstung zu reden, sofern die Führer der Sowjetunion nicht eine einsichtigere Haltung an den Tag legen. Ich hoffe, dass sie es tun werden, und ich glaube, dass wir ihnen dabei helfen können. Aber ich glaube auch, dass wir unsere eigene Haltung erneut überprüfen müssen. […] Denn in der letzten Analyse besteht unsere grundlegende Gemeinsamkeit darin, dass wir alle diesen kleinen Planeten bewohnen. Wir atmen alle die gleiche Luft. Wir alle schätzen die Zukunft unserer Kinder. Und wir sind alle sterblich.*[246]

In den Sumpf von Vietnam

Bei Kennedys Amtsantritt sind 685 amerikanische Militärs in Südvietnam. Als er stirbt, sind es über 16 000, auf dem Höhepunkt des Krieges 1968 über eine halbe Million. Da ist Johnson seit fünf Jahren Präsident, aber es ist Kennedy, der zuerst amerikanische Artillerie, Kampfbomber, Hubschrauber und Antiguerillaeinheiten nach Vietnam beordert; die von ihm ins Leben gerufene «Special Group» unter Maxwell Taylor und Robert Kennedy lässt Napalm und – unter dem verräterischen Codenamen «Operation Hades» – Entlaubungsmittel einsetzen. 1961 werden vierzehn Amerikaner in Vietnam getötet oder verwundet. 1963 sind es 489. Als die letzten Amerikaner fast zwölf Jahre nach Kennedys Tod am 29. April 1975 aus Saigon evakuiert werden, sind 58 220 gefallen: fast so viele wie im Ersten Weltkrieg.[247] Südvietnam hat fast eine Million Kriegstote zu beklagen.

Zwar hat Kennedy die Situation in Indochina von der Eisenhower-Administration geerbt; der Sumpf des Vietnamkriegs, in dem die Hoffnungen der «Neuen Pioniergrenze» Kennedys und der «Großen Gesellschaft» Johnsons stecken

Ngo Dinh Diem, 1963

Ho Tschi Minh, um 1965

bleiben, ist jedoch ein Vermächtnis Kennedys: *Wenn wir in Südostasien kämpfen müssen, lasst uns in Vietnam kämpfen. Die Vietnamesen sind wenigstens engagiert, sie werden kämpfen. Es gibt in Südvietnam eine Million Menschen, die vor dem Kommunismus geflüchtet sind. Vietnam ist der richtige Ort.*[248]

Dabei müsste er es eigentlich besser wissen. Als Ho Tschi Minh nach dem Zweiten Weltkrieg für die Unabhängigkeit Indochinas kämpft, verurteilt Senator Kennedy den Versuch Frankreichs, *an den Resten seines Kolonialreichs festzuhalten.* Ho sei zwar Kommunist, doch habe er *in allen Schichten der Gesellschaft Einfluss, weil er jahrelang den französischen Kolonialismus bekämpft hat.*[249] Entschieden lehnt Kennedy ein militärisches Eingreifen der USA aufseiten der Franzosen ab, deren Armee bei Dien Bien Phu 1954 in einen Vernichtungskessel geraten ist, denn: *Keine noch so starke amerikanische Militärhilfe für Indochina kann einen Feind besiegen, der überall und nirgends ist, einen «Feind des Volkes», der die Sympathie und heimliche Unterstützung des Volkes hat.*[250]

Prophetische Worte. Doch scheint sie Kennedy sechs

Jahre später vergessen zu haben. Inzwischen sieht er den Kampf in Vietnam auch als Ringen zwischen Kommunismus und Katholizismus. Nach der französischen Niederlage ist Vietnam geteilt worden. Ho Tschi Minh errichtet im Norden eine kommunistische «Volksdemokratie». Hunderttausende «Klassenfeinde» und politische Gegner werden getötet, über 600 000 Katholiken fliehen in den Süden, wo der gläubige Katholik Ngo Dinh Diem Präsident wird. Diem ist ein aufrechter Mann, selbst unbestechlich, allerdings von Korruption umgeben. Wie seine ganze Administration, die sich auf die frankophile katholische Oberschicht stützt, hat Diem keine Ahnung von den Sorgen der armen buddhistischen Bauern, die die Mehrheit der Bevölkerung bilden. 1959 verkündet «Onkel Ho» in Hanoi die Unterstützung des bewaffneten «nationalen Befreiungskampfs» im Süden.

Kennedy hat 1956 gewarnt: *Wir sollten nicht versuchen, uns die Freundschaft der Vietnamesen zu erkaufen. Wir können auch nicht ihre Herzen gewinnen, indem wir sie von unseren Almosen abhängig machen. Was wir ihnen bieten müssen, ist eine Revolution – eine politische, ökonomische und soziale Revolution, die allem, was die Kommunisten zu bieten haben, weit überlegen ist – weit friedlicher, weit demokratischer.*[251] Doch die Revolution bleibt aus. Angesichts des eskalierenden Krieges gegen die Kommunisten und wachsender Unzufriedenheit in der Bevölkerung über korrupte Beamte, ungerechte Besteuerung, Terrorisierung der Opposition und Diskriminierung von Buddhisten zieht sich Diem immer mehr in seine Selbstgerechtigkeit zurück und überlässt die Regierungsgeschäfte seinem skrupellosen Bruder Ngo Dinh Nhu und dessen ehrgeiziger Frau. Die gewaltige Entwicklungs- und Militärhilfe der USA versickert derweil in den Taschen hoher Beamter und örtlicher Militärmachthaber.

In der letzten Analyse ist es ihr Krieg, sagt Kennedy im September 1963. *Sie müssen ihn gewinnen oder verlieren […]: das Volk Vietnams, gegen die Kommunisten.*[252] Das ist richtig, aber es ist eben auch Kennedys Krieg. Erstens, weil er nach der Schweinebucht und der Berliner Mauer – und trotz des Erfolgs in der Raketenkrise – nicht «weich» erscheinen will, schließlich hat er 1962 als Wendepunkt im Kampf gegen den Kommunismus proklamiert. Zweitens, weil dem Katholiken Kennedy die Aufgabe eines katholisch geführten Landes widerstrebt. Und drittens, weil die amerikanische Politik von der «Domino-Theorie» beherrscht wird, der zufolge ein kommunistischer Sieg in einem Land den Zusammenbruch der ganzen Region nach sich ziehen würde: *China ist so riesig, lauert jenseits der Grenzen, und fiele Südvietnam, so hätten sie nicht nur eine verbesserte geographische Ausgangsposition für einen Guerillaangriff auf Malaya, sondern der Eindruck würde entstehen, dass die Chinesen und die Kommunisten in Südostasien die Welle der Zukunft darstellten.*[253]

In Kennedys Denken spielt Südvietnam also für Asien eine ähnliche Rolle wie West-Berlin für Europa. *Ich stimme nicht mit denen überein, die sagen, wir sollten uns zurückziehen. Das wäre ein großer Fehler. Ein großer Fehler.*[254] Robert Kennedy, der die Ansichten seines Bruders immer gröber, eindeutiger, direkter formuliert, sagt 1962, die Lösung des Krieges in Vietnam «liegt darin, dass wir ihn gewinnen. Das hat der Präsident denn auch vor. Wir werden ihn gewinnen, und wir werden hier bleiben, bis wir ihn gewonnen haben.»

Generalstabschef Maxwell Taylor nennt 1963 einen weiteren Grund für einen Verbleib in Vietnam: «Hier haben wir ein funktionierendes Laboratorium, in dem wir den subversiven Aufstand [...] in all seinen Formen studieren können. [...] Auf der militärischen Seite jedenfalls haben wir die Bedeutung der Region als Labor erkannt.»[255] Kernpunkt der «Counterinsurgency»-Strategie ist Walt Rostows Konzept der «strategischen Dörfer». Da die kommunistischen Vietcong-Kämpfer der Anweisung Mao Tse-tungs folgen, im Volk «wie ein Fisch im Wasser zu schwimmen», sollen die strategischen Dörfer – wie eine mittelalterliche Burganlage mit Erdwall und Wassergraben umgeben, von einer Miliz bewacht – den Fischen das Wasser entziehen, die Guerilla

Amerikanische Soldaten in Vietnam während der Tet-Offensive 1968

vom Volk trennen. Gleichzeitig sollen sie den Bauern die versprochene amerikanische Revolution bringen: Schulen, Krankenhäuser, Hygiene, Elektrizität. Wie Ölflecke sollen sich die strategischen Dörfer über das Land ausbreiten und die Kommunisten ersticken.

Es kommt anders: Die Zwangsumsiedlung der Bauern erbittert sie; das Geld für die geplanten sozialen Einrichtungen kassieren korrupte Beamte; die schlecht ausgebildeten und unmotivierten Milizsoldaten verkaufen ihre amerikanischen Waffen den Vietcong. *Wir können diejenigen nicht retten, die nicht gerettet werden wollen*, erkennt Kennedy bereits 1954[256] – doch genau das versuchen die Amerikaner keine zehn Jahre später in Vietnam. Nirgends wird das deutlicher als beim Militär, wo die amerikanischen Berater die südvietnamesischen Offiziere dazu bringen wollen, ihren Soldaten beim Kampf gegen den Vietcong voranzugehen. Dabei liegt für einen Südvietnamesen aus der Oberschicht der Sinn des oft teuer erkauften Offizierspatents eben darin, sein Leben nicht, wie die unteren Dienstgrade, riskieren zu müssen. So werden immer mehr amerikanische Militärberater ins Land geschickt – und je mehr Amerikaner kommen, desto mehr überlassen die Südvietnamesen ihnen den Krieg.

Hartnäckig hält sich dennoch die Legende, Kennedy hätte sich nicht so weit wie Johnson in den Sumpf Vietnams ziehen lassen. Dabei sind Kennedys ehemalige Berater McGeorge Bundy, Robert McNamara, Dean Rusk und Maxwell Taylor die Männer, die mit Johnson die Kriegsstrategie entwickeln. Die Legende wird hauptsächlich durch Bemerkungen genährt, die Kennedy 1963 gegenüber Senator Mike Mansfield gemacht haben soll: *Wenn ich jetzt versuchen würde, uns vollständig aus Vietnam zurückzuziehen, würde es zu einer Neuauflage der Joe-McCarthy-Kommunistenjagd kommen, aber nach der Wiederwahl kann ich's machen. Also sorgen wir verdammt noch mal dafür, dass ich wiedergewählt werde!*[257] Öffentlich bekennt sich Kennedy zur gleichen Zeit zum Verbleib in Vietnam: *Was dazu beiträgt, den Krieg zu gewinnen, unterstützen wir; was die Kriegsanstrengungen behindert, bekämpfen wir. Wir sind nicht dazu da, zuzusehen, wie ein Krieg verloren wird.*[258] Abgesehen davon, dass Kennedys machiavellistisches Kalkül, einen aussichtslosen Krieg aus wahltaktischen Erwägungen ein Jahr lang weiterzuführen, nicht sehr sympathisch ist, darf nicht vergessen werden, dass dieses Gespräch von einem Mann berichtet wird, der Johnson hasst; und dass Mansfield sie erst publik macht, nachdem der Krieg unpopulär geworden ist und er sich wie Robert und Edward Kennedy auf die Seite der Kriegsgegner geschlagen hat.

Angesichts der Vorsicht, die Kennedy davon abhält, in der Schweinebucht amerikanische Truppen einzusetzen, in Berlin den Mauerbau zu behindern und bei der Raketenkrise eine militärische Lösung zu suchen, mag man davon ausgehen, dass er die Eskalation in Vietnam auch vermieden hätte. Fakt ist aber, dass er nach der Selbstverbrennung des buddhistischen Mönchs Thich Quang Duc im Juni 1963 Henry Cabot Lodge als Botschafter mit dem Auftrag nach Saigon schickt, das Haupthindernis für einen Kriegserfolg zu beseitigen: Diem. Im Sommer und Herbst arbeitet Lodge mit vietnamesi-

Mit Robert McNamara und Maxwell Taylor im Weißen Haus, 25. Januar 1963

schen Militärs um Duong Van Minh einen Putschplan aus. Am 1. November greift «Big Minh» mit seinen Einheiten den Präsidentenpalast an. Entgegen den Abmachungen mit Lodge werden Diem und Nhu nach ihrer Festnahme ermordet. Als Kennedy vom Tod Diems hört, «sprang er auf und stürzte aus dem Zimmer. Auf seinem Gesicht war ein solcher Ausdruck von Schock und Entsetzen, wie ich ihn nie zuvor gesehen hatte»[259], berichtet Maxwell Taylor. Drei Wochen später ist auch Kennedy tot.

Kennedys Reformen, Kings Revolution

Kennedys Wahlversprechen lautete, *Amerika wieder in Bewegung zu setzen.* Amerika kommt in Bewegung. Das gilt etwa für die Wirtschaft. Kennedy ist der erste Präsident, der die Lehren des britischen Ökonomen John Maynard Keynes gezielt anwendet. Nicht zuletzt dank einer kräftigen Steuersenkung in Verbindung mit hohen Staatsausgaben, etwa für das Rüstungsprogramm, erreicht das Wirtschaftswachstum jährlich 5,4 Prozent, gegenüber 2,3 Prozent in den letzten

Eisenhower-Jahren. Die Arbeitslosigkeit sinkt von 6,7 Prozent 1960/61 auf 5,6 Prozent 1962 und 4,1 Prozent 1965; die Löhne steigen im gleichen Zeitraum im Schnitt um 7 Prozent, die Unternehmerprofite um 44 Prozent. Kennedys Keynesianismus leitet eine lange Periode wirtschaftlichen Wachstums ein.

Kennedy setzt der Nation auch das Ziel, innerhalb eines Jahrzehnts einen Menschen auf den Mond zu befördern und wieder zurückzubringen. Das Projekt erfordert genau jene Eigenschaften, die Kennedy am meisten bewundert: Rationalität und Begeisterung, einen kühlen Kopf und individuellen Heldenmut. Außerdem ist es, wie die Lenkung der Konjunktur, aber auch die Erprobung der Aufstandsbekämpfung unter «Laborbedingungen» Ausdruck des Glaubens an die fast unbegrenzten Möglichkeiten eines von pragmatischen Politikern geführten Staates. Verflogen sind im Rausch der *New Frontier* die Vorbehalte gegen den *großen Leviathan*. Als Neil Armstrong am 21. Juli 1969 den Fuß auf den Mond setzt, erfüllt er Kennedys Vermächtnis. Doch die technologische Glanzleistung erscheint wie ein aus der Zeit gefallenes Postskriptum. Die 1960er Jahre werden nicht eine Ära der kühlen Rationalität; sie werden das Jahrzehnt der Revolte.

Die Aufbruchsstimmung der Kennedy-Jahre hat ja auch wenig mit den Zielen der Regierung zu tun. Sie hat mehr mit den unbestimmten Erwartungen zu tun, die Kennedy bei jungen Leuten, Frauen und Schwarzen geweckt, die Norman Mailer als Wunsch nach Abenteuer, John Steinbeck als Sehnsucht nach einer Moral gespürt hat. Diese Erwartungen muss die Politik enttäuschen. Gerade deshalb führen sie zur Revolte. Und die zentrale Revolution dieses Jahrzehnts ist die von Martin Luther King angeführte gewaltlose Bewegung zur Erlangung der Bürgerrechte für Schwarze.

Seit dem Ende des 19. Jahrhunderts sind in den Südstaaten die die durch den Bürgerkrieg befreiten schwarzen Sklaven systematisch wieder entrechtet worden. Das System der «Segregation» ist nichts anderes als die Festschreibung erniedrigender Lebensverhältnisse für schwarze Bürger. Wahlsteuern, «Bildungstests» und weißer Terror sorgen dafür, dass die Schwarzen das ihnen formal zustehende Wahlrecht nicht benutzen können, um auf parlamentarischem Weg eine Besserung ihrer Lage herbeizuführen. 1960 gehen gerade mal fünf Prozent der schwarzen Bevölkerung Mississippis zur Wahl.

Der Hass und die Furcht der Weißen sind sexuell aufgeladen, wie nicht zuletzt die panische Reaktion auf Elvis Presley belegt, der schwarze und weiße Musikstile vermischt, sich angeblich «wie ein Neger» auf der Bühne aufführt und bei seinen weiblichen Fans eine sexuelle Hysterie auslöst. Wie politisiert die Sexualität und wie sexualisiert die Rassenfrage ist, zeigt sich 1955, als ein zwölfjähriger schwarzer Junge aus Chicago in Mississippi einer weißen Frau hinterherpfeift. Er wird gelyncht. Emmett Tills Mörder werden von einer weißen Jury freigesprochen und verkaufen anschließend ihre Geschichte an eine Zeitschrift. Dass weiße Männer gern schwarze Bordelle aufsuchen und schwarze Frauen täglich sexuell belästigen, steht auf einem anderen Blatt.

1896 hat das Oberste Gericht der USA entschieden, die Rassentrennung an Schulen verstoße nicht gegen das Gleichheitsgebot der Verfassung, wenn die Angebote für Schwarze «gleichwertig» seien, was sie natürlich nie sind. Dieses Urteil wird 1954 vom Obersten Gericht unter dem Vorsitz des von Eisenhower ernannten Richters Earl Warren rückgängig

Aufstieg und Niedergang des Keynesianismus

Der britische Ökonom John Maynard Keynes (1883–1946) war der einflussreichste Wirtschaftstheoretiker des 20. Jahrhunderts. Keynes widersprach der klassischen Theorie, der zufolge sich die Märkte selbst stabilisieren. In der Großen Depression ab 1929 hatte sich gezeigt, dass die Weltwirtschaft in eine deflationäre Abwärtsspirale geraten kann: Fallende Preise führen zum Rückgang der Produktion, was zur Steigerung der Arbeitslosigkeit führt, was wiederum die Nachfrage senkt und die Preise weiter drückt usw.

In seiner «Allgemeinen Theorie der Beschäftigung, des Zinses und des Geldes» (1936) zog Keynes den Schluss, dass der Staat eine «Globalsteuerung» der Wirtschaft betreiben müsse, um Krisen und Massenarbeitslosigkeit zu verhindern. Zu Beginn einer der regelmäßig wiederkehrenden – «zyklischen» – Krisen des Kapitalismus ➲

gemacht: Die Rassentrennung an den Schulen – und damit implizit das System der «Segregation» insgesamt – sei diskriminierend, verfassungswidrig und «in aller gebotenen Eile» aufzuheben. Die Entscheidung hat zunächst kaum praktische Wirkung, da die örtlichen Behörden ihre eigenen Vorstellungen von der «gebotenen Eile» haben. Doch das Urteil signalisiert eine Legitimationskrise der Rassendiskriminierung und gibt den Schwarzen Mut.

Am 1. Dezember 1955 wird Rosa Parks in Montgomery, Alabama, festgenommen. Die 42-jährige Schwarze hat sich geweigert, ihren Sitzplatz im Bus für einen Weißen aufzugeben, wie es das Gesetz verlangt. Ihre Festnahme führt zu einem fast einjährigen Busboykott der Schwarzen unter Führung Martin Luther Kings, der die Busgesellschaft in die Knie zwingt. In der Folgezeit organisiert King, der die Lehren Mohandas «Mahatma» Gandhis über den zivilen Ungehorsam studiert hat, friedliche Demonstrationen und»Sit-ins» schwarzer und weißer Bürger, die Restaurants, Busbahnhöfe und andere öffentliche Einrichtungen im Süden der USA in direkter Aktion «desegregieren».

Kennedy freilich ist gegen die Aktionen Kings. In seinen Augen schädigen Demonstrationen und Zusammenstöße mit der Polizei den Ruf der USA im Kampf gegen den Kommunismus. «Ich frage mich, ob [die Anhänger Kings] wirklich die Interessen ihres Landes im Sinn haben», meint Robert Kennedy. «Wussten Sie, dass einer von ihnen sogar ge-

müsse die Regierung «antizyklisch» eingreifen, um die Nachfrage zu stützen und die Abwärtsspirale zu brechen, etwa durch Steuersenkungen, Regierungsaufträge oder Arbeitsbeschaffungsmaßnahmen. Dabei sei auch «deficit spending» erlaubt: Der Staat dürfe vorübergehend mehr ausgeben, als er einnimmt. Erholt sich die Wirtschaft, müsse die Regierung durch Steuererhöhungen oder Zurückfahren der Ausgaben das Haushaltsdefizit ausgleichen und eine Überhitzung der Konjunktur verhindern.
Nach dem Zweiten Weltkrieg wurde der Keynesianismus zur herrschenden Wirtschaftslehre im Westen – zuerst in Großbritannien, zuletzt in den USA, wo erst John F. Kennedy gezielt Keynes'sche Methoden anwandte. Richard Nixon verkündete 1971: «Wir sind jetzt alle Keynesianer.» Doch in den 1970er Jahren zeigte das Phänomen der «Stagflation» – der Stagnation bei gleichzeitiger Inflation – die Grenzen der «Globalsteuerung».

gen die Atombombe ist?»[260] FBI-Direktor Hoover überzeugt den Justizminister davon, dass King und seine «Southern Christian Leadership Conference» vom jüdischen Geschäftsmann und früheren KP-Mitglied Stanley Levison im Interesse der Kommunisten gesteuert werden. Obwohl sich King von Levison distanziert, werden seine Büros, Hotelzimmer und Telefonate mit Billigung Robert Kennedys vom FBI abgehört. «[Die Kennedys] begreifen nicht, dass eine soziale Revolution in der Welt vor sich geht, darum verstehen sie nicht, was wir hier tun», sagt King.[261]

Kennedy weiß sehr wohl, dass eine Revolution in der Welt im Gange ist. Was er zunächst nicht sieht, ist der Zusammenhang zwischen der antikolonialen Bewegung in der Dritten Welt und der schwarzen Emanzipationsbewegung in den USA. Was er – und mit ihm fast die gesamte politische Klasse des Westens – nicht begreift, ist, dass Amerika durch die Revolten der 1960er Jahre an moralischer Statur nicht verliert, sondern gewinnt, weil die demokratische Gesellschaft beweist, dass sie zur Selbstkorrektur fähig ist. Ruhe ist nur in autokratischen Systemen erste Bürgerpflicht. Kennedy ist zwar fast völlig frei von Rassenvorurteilen. Aber wie er 1960 gesteht: *Ich habe noch wenig Gelegenheit gehabt, die Neger kennenzulernen.*[262] Wie die meisten weißen Amerikaner Anfang der sechziger Jahre versteht Kennedy bei aller Sympathie für die Sache der Bürgerrechte deshalb ihre Dringlichkeit nicht. Die Machtverhältnisse im Land und die Mehrheitsverhältnisse im Kongress schließen überdies jeden Fortschritt aus: *Es hat keinen Sinn, einen großen Lärm zu machen und dann keinen Erfolg zu haben. Es macht keinen Sinn, das Amt des Präsidenten in die Waagschale zu werfen und dann geschlagen zu werden.*[263]

Dort allerdings, wo der Präsident ohne den Kongress handeln kann, handelt er schnell. Am Tag nach der Amtseinführung ruft Kennedy beim Kommandeur der Küstenwache an und verlangt die Einstellung schwarzer Soldaten: *Gestern in der Parade habe ich nämlich keine gesehen.*[264] Bei seiner ersten Kabinettssitzung fordert Kennedy jedes Kabinettsmitglied auf, in seinem Bereich zu untersuchen, wie es um die Beschäftigung von Schwarzen steht. Von 3674 Beamten des Außenministeriums sind gerade einmal fünfzehn schwarz; von mehr als 950 Anwälten des Justizministeriums gerade mal zehn. Dafür sind alle Dienstboten beider Ministerien Schwarze.

Durch eine Order vom 6. März 1961 schafft Kennedy ein Komitee für Chancengleichheit am Arbeitsplatz unter dem Vorsitz Johnsons und weist alle Regierungsbehörden an, dem Komitee Pläne für die Beendigung diskriminierender Beschäftigungspraktiken vorzulegen. In Washington zirkuliert der Witz, die Abteilungsleiter seien den ganzen Tag, auf der Suche nach Schwarzen unterwegs, um sich den Präsidenten vom Hals zu schaffen. Das Justizministerium etwa stellt weitere 40 schwarze Anwälte ein. Johnsons Komitee soll außerdem dafür sorgen, dass Regierungsaufträge nur an Firmen vergeben werden, die keine Diskriminierung am Arbeitsplatz zulassen. Der Vizepräsident lässt in drei Jahren über 1700 Beschwerden untersuchen und findet, dass 70 Prozent berechtigt sind. In mehreren hundert weiteren Fällen kann Johnson durch Gespräche mit Firmenleitungen eine Änderung ihrer Beschäftigungspolitik erreichen.

Das zweite Feld, auf dem die Regierung ohne Kongress handeln kann, ist die Durchsetzung des Wahlrechts. Das Bürgerrechtsgesetz von 1957 gibt dem Justizministerium nämlich das Recht, selbst als Kläger aufzutreten, wenn einem Bürger das Wahlrecht von örtlichen Behörden unrechtmäßig verweigert wird. In den letzten drei Eisenhower-Jahren werden ganze acht solcher Verfahren eingeleitet; Robert Kennedy klagt bis Ende 1963 in fünfzig Fällen. Außerdem führt ein von der Regierung unterstütztes «Wählererziehungsprojekt» zur Neuregistrierung von 688 800 schwarzen Wählern zwischen 1962 und 1964.

Doch diese Aktivitäten, so richtig und wichtig sie auch sind, kommen bereits zu spät. Seit Mai 1961 fahren weiße und schwarze Studenten gemeinsam auf Überlandbussen durch Alabama und Mississippi und heben in direkter Aktion die Rassentrennung in den Restaurants, Warteräumen und Toiletten der Busbahnhöfe auf. Häufig werden sie vom weißen Mob und dem Ku-Klux-Klan empfangen und zusammengeschlagen, während die örtliche Polizei wegsieht. Kennedys erste Reaktion auf diese «Freiheitsfahrer» ist charakteristisch. Er ruft seinen – weißen – Sonderbeauftragten für Bürgerrechtsfragen, Harris Wofford, zu sich und brüllt ihn an: *Holen Sie Ihre Freunde runter von den Bussen!*[265] Die «Freedom Riders» lassen sich aber nicht aufhalten. Und obwohl 63 Prozent aller Amerikaner ihre Aktionen missbilligen, erklärt Kennedy in einer Pressekonferenz, dass *die Freiheitsfahrer ohne Frage legal im Recht sind. Und diese Rechte gelten, ob wir mit denen, die da fahren, ob wir mit ihren Zielen einverstanden sind oder nicht.*[266] Innerhalb eines Jahres wird die Rassentrennung im Fernverkehr aufgehoben.

Die Revolution der Schwarzen ist auch eine Revolution der steigenden Erwartungen. Beflügelt durch Kennedys Antrittsrede und den Satz *Fragt nicht, was euer Land für euch tun kann*, beantragt der ehemalige Luftwaffensoldat James Meredith noch am selben Tag die Aufnahme in die «weiße» Universität von Mississippi in Oxford. Er wird abgelehnt. Drei Jahre zuvor ist der erste Schwarze, der die Immatrikulation beantragt hat, in ein Irrenhaus, ein Jahr später der zweite ins Gefängnis gesteckt worden. Meredith klagt sein Recht ein.

Am 13. September 1961 verlangt das Oberste Gericht, der Staat Mississippi solle die Verfassung der USA und die Rechte des Bürgers Meredith respektieren, doch Gouverneur Ross Barnett kündigt Widerstand an. Kennedy stellt die Nationalgarde Mississippis unter Bundesbefehl und schickt Bundespolizisten nach Oxford, um Meredith ins Immatrikulationsbüro zu begleiten. (Meredith, der einen Sinn für den historischen Augenblick hat, muss überredet werden, nicht in seinem neuen goldfarbenen Ford Thunderbird vorzufahren.)

Der weiße Mob tobt, angeführt vom Ex-General Edwin

A. Walker, den Kennedy wegen des Verteilens rechtsradikaler Hetzschriften an die Truppe aus der Armee entlassen hat und auf den wenig später ein gewisser Lee Harvey Oswald ein erfolgloses Attentat verüben wird. Zwei Menschen sterben bei den Krawallen. Der Präsident, Oberkommandierender der Streitkräfte der Vereinigten Staaten, muss geradezu darum betteln, dass die im nahen Memphis bereitgestellten Armee-Einheiten endlich eingreifen: *In Oxford sterben Menschen. Das ist das Schlimmste, was ich in meinen 45 Jahren gesehen habe. Ich möchte, dass die Militärpolizei in das Gebiet hineingeht. Ich bitte General Billingslea, dafür zu sorgen, dass dies getan wird.*[267] Die Ordnung wird wiederhergestellt. Im August 1963 besteht Meredith sein Abschlussexamen.

Der Sommer des Jahres 1963 markiert den Höhepunkt der Kampagne gegen die Rassendiskriminierung. Im April und Mai marschiert King wiederholt an der Spitze einer Aktivistengruppe, die das Geschäftszentrum von Birmingham in Alabama «desegregieren» will. Die Demonstranten werden von der Polizei brutal zusammengeschlagen und ins Gefängnis geworfen, und doch werden die Märsche von Tag zu Tag größer. Schockiert sehen die Amerikaner im Fernsehen, wie Birminghams Polizeichef Eugene «Bull» Connor Knüppel, Polizeihunde und elektrisch geladene Viehstöcke gegen Frauen und Kinder einsetzt. Noch zwei Jahre zuvor hat sich Kennedy gegen die Vorwürfe eines Freiheitsfahrers gewehrt, er setze sich zu wenig für die Bürgerrechte ein: *Was zum Teufel soll ich noch tun? Weiß er denn nicht, dass ich mehr für die Bürgerrechte getan habe als irgendein Präsident in der Geschichte Amerikas?*[268] Das stimmt erstens nicht; zweitens erkennt Kennedy jetzt, dass er mehr tun muss.

Die Regierung bereitet ein umfassendes Bürgerrechtsgesetz vor, das ungerechte Bildungstests und ähnliche Schikanen bei der Wählerregistrierung für ebenso illegal erklärt wie die Rassentrennung in öffentlichen Einrichtungen einschließlich Restaurants, Hotels, Kinos und Sportstadien. Die Regierung bekommt die Möglichkeit, Schulbezirke finan-

Martin
Luther King

ziell zu fördern, die die Rassentrennung abschaffen, und Gelder für Einrichtungen zu streichen, in denen Schwarze diskriminiert werden. Das Gesetz wird allerdings, wie Kennedy befürchtet hat, im Kongress aufgehalten. Erst in der emotions- und schuldbeladenen Atmosphäre der Zeit nach dem Attentat von Dallas kann Johnson das Bürgerrechtsgesetz im Juni 1964 endlich durch den Kongress bringen.

Vielleicht wichtiger noch als das Gesetz – und der von Kennedy unterstützte 24. Verfassungszusatz, der eine Wahlsteuer verbietet – ist Kennedys Entschluss, sich in einer Fernsehansprache an die Nation zu wenden und endlich doch *das Amt des Präsidenten in die Waagschale zu werfen* zugunsten der Bürgerrechtsbewegung: Am 11. Juni 1963 erklärt er der weißen Mehrheit, dass sie *als Land und als Volk in einer moralischen Krise* stecken. Die moralische Frage sei *so alt wie die*

Weiße Rassisten in Birmingham, Alabama, am 11. September 1963

Heilige Schrift und so klar wie die amerikanische Verfassung: ob alle Amerikaner gleiche Rechte und gleiche Chancen erhalten sollen, ob wir bereit sind, unsere amerikanischen Mitbürger so zu behandeln, wie wir behandelt werden wollen. Wenn ein Amerikaner, weil er eine dunkle Haut besitzt, nicht in einem öffentlichen Restaurant essen kann, wenn er seine Kinder nicht in die beste öffentliche Schule schicken kann, wenn er die Beamten, die ihn vertreten sollen, nicht wählen kann, kurz: wenn er das erfüllte und freie Leben nicht genießen kann, das wir alle wollen – wer unter uns wäre bereit, die Hautfarbe zu wechseln und mit ihm zu tauschen? Wer von uns wäre dann bereit, den Aufschub zu akzeptieren und sich zu Geduld raten zu lassen? [...]

Wir können nicht zehn Prozent der Bevölkerung gegenüber erklären: Ihr könnt dieses Recht nicht haben, eure Kinder dürfen nicht die Chance erhalten, ihre Fähigkeiten zu entwickeln; dass sie ihre

Rechte nur bekommen werden, wenn sie auf die Straße gehen und demonstrieren. Wir schulden ihnen, wir schulden uns ein besseres Amerika. […] In der ganzen Welt predigen wir Freiheit, und wir meinen es ernst, und wir schätzen unsere Freiheit hier zu Hause, aber sollen wir der Welt gegenüber, und viel wichtiger, uns selbst gegenüber sagen, dass dieses ein Land freier Menschen ist, außer für Neger; dass wir keine Bürger zweiter Klasse haben außer Neger; dass wir kein Klassen- und Kastensystem haben, keine Gettos und keine Herrenrasse – außer in Bezug auf die Neger?

Einhundert Jahre des Aufschiebens sind vergangen, seit Lincoln die Sklaven befreite, und doch sind ihre Erben, ihre Enkelkinder, noch nicht ganz frei. Sie sind von den Ketten der Ungerechtigkeit nicht befreit worden, nicht befreit worden von sozialer und wirtschaftlicher Unterdrückung. Und diese Nation, all ihren Hoffnungen und all ihrem Stolz zum Trotz, wird erst frei sein, wenn alle ihre Bürger frei sind.[269]

Es ist zweifellos eine der großen Reden seiner Karriere, ja der amerikanischen Geschichte. Und sie erfordert Mut. Die Reaktion bleibt nicht aus. Noch in derselben Nacht wird James Merediths Freund und Berater Medgar Evers in Mississippi erschossen. Wenig später werden vier schwarze Mädchen in Birmingham bei einem Bombenanschlag auf ihre Kirche getötet. Laut Meinungsumfragen hat Kennedy im Herbst 1963 bereits 4,5 Millionen weiße Stimmen wegen seiner Haltung in der Bürgerrechtsfrage verloren. Im Juni glauben 36 Prozent aller Befragten, der Präsident forciere die Bürgerrechtsfrage «zu schnell»; im Juli sind es bereits 41 Prozent. Trotzdem bleibt der sonst so vorsichtig agierende Präsident bei dem eingeschlagenen Kurs. «Kennedy antwortete auf die Revolution der Neger, indem er versuchte, ihre Führung zu übernehmen», schreibt Schlesinger.[270]

Am 28. August 1963 führt Martin Luther King 250 000 Demonstranten nach Washington. Vor Lincolns Grabmal hält er seine berühmte Rede: «Ich habe einen Traum». Anschließend werden die Anführer des «Marschs auf Washington» im Weißen Haus empfangen. Die Zustimmung zu

Kennedys Amtsführung, die im Oktober 1962 nach der Kubakrise 84 Prozent betragen hat, sinkt im August 1963 auf 61, im September auf 53 und hat im November einen Tiefpunkt von 47 Prozent erreicht. Im Süden führt der wahrscheinliche Präsidentschaftskandidat der Republikaner, Barry Goldwater, mit 54 Prozent vor Kennedy mit nur 38. Wenn Kennedy den Süden verliert, ist wahrscheinlich auch das Weiße Haus verloren. Deshalb fährt er im November 1963 nach Texas.

«Ich habe einen Traum»

«Vor einem Jahrhundert unterschrieb ein berühmter Amerikaner, in dessen symbolischem Schatten wir heute stehen, die Proklamation der Sklavenbefreiung.
[...]
Aber einhundert Jahre später ist der Neger immer noch nicht frei. Einhundert Jahre später wird das Leben des Negers leider immer noch von den Handschellen der Rassentrennung und den Ketten der Diskriminierung bestimmt. Einhundert Jahre später lebt der Neger immer noch auf einer einsamen Insel der Armut in der Mitte eines weiten Ozeans des materiellen Wohlstandes. Einhundert Jahre später vegetiert der Neger immer noch an den Rändern der amerikanischen Gesellschaft dahin und befindet sich in seinem eigenen Land im Exil.
[...]
Deswegen sage ich euch, meine Freunde, dass ich immer noch einen Traum habe. [...] Dieser Traum wurzelt tief im amerikanischen Traum. Dass sich diese Nation eines Tages erheben wird und der wahren Bedeutung ihres Glaubensbekenntnisses gerecht wird: ‹Wir halten diese Wahrheiten für offenkundig, dass alle Menschen gleich geschaffen sind.› Ich habe einen Traum, dass eines Tages die Söhne von früheren Sklaven und die Söhne von früheren Sklavenbesitzern sich auf den roten Hügeln von Georgia gemeinsam an den Tisch der Brüderlichkeit setzen können. Ich habe einen Traum, dass eines Tages selbst der Staat Mississippi, der in der Hitze der Ungerechtigkeit und in der Hitze der Unterdrückung schmort, in eine Oase der Freiheit und Gerechtigkeit verwandelt wird. Ich habe einen Traum, dass meine vier kleinen Kinder eines Tages in einer Nation leben werden, in der sie nicht wegen der Farbe ihrer Haut, sondern nach dem Wesen ihres Charakters beurteilt werden.»

Rede Martin Luther Kings am Lincoln-Denkmal beim Marsch auf Washington für Arbeit und Freiheit, 28. August 1963

Camelot

Eine Woche nach der Ermordung des Präsidenten gibt Jacqueline Kennedy dem befreundeten Journalisten Theodore White ein exklusives Interview. Vier Stunden lang spricht sie über ihren Mann, während White eifrig mitschreibt und noch in derselben Nacht seine Geschichte per Telefon an die Zeitschrift «Life» durchgibt. Immer wieder kommt Jacqueline auf den kleinen Jungen zu sprechen, der im Krankenbett Heldengeschichten liest; immer wieder betont sie, dass Kennedy das Musical «Camelot» von Alan Jay Lerner und Frederick Loewe liebte, in dem es um König Artus und die Tafelrunde geht. Im Finale heißt es: «Dass nie vergessen wird: / Einst gab es einen Ort / Für einen kurzen, hellen Augenblick / Und der hieß Camelot.»[271]

Dem Journalisten ist klar, dass Jacqueline das Bild bestimmen will, das sich die Nachwelt von den tausend Tagen Kennedys machen wird; dem Freund der Familie ist das recht. So ist es auch gekommen: Die «New Frontier» ist Geschichte; Camelot bleibt eine Legende.

Camelot leuchtet auch deshalb, weil sich die Kennedys mit geistreichen Menschen umgeben. Zur Tafelrunde gehören nicht nur die intellektuellen Schwergewichte der Administration wie Robert McNamara, Walt Rostow, Arthur M. Schlesinger, Jr., Theodore Sorensen, Adlai Stevenson und viele andere, sondern auch prominente Journalisten, Intellektuelle, Künstler und Entertainer. Das von Jacqueline im Empire-Stil des frühen 19. Jahrhunderts renovierte Weiße Haus wird zum glanzvollen kulturellen Mittelpunkt des Landes, wo Ereignisse wie der Empfang für alle amerikanischen Nobelpreisträger stattfinden: *die außergewöhnlichste Versammlung menschlichen Wissens, die je im Weißen Haus versammelt war – außer vielleicht, als Thomas Jefferson hier allein speiste,* witzelt Kennedy.[272] Leonard Bernstein, Igor Strawinsky und der Cellist Pablo Casals geben Konzerte im Weißen Haus; es gibt Ballettaufführungen und Shakespeare-Rezitationen, sogar Seminare mit bekannten Historikern, Philosophen und

Schriftstellern. «Eine Zeitlang dachten wir, das Land gehöre uns», sagt Norman Mailer nach den Schüssen von Dallas. «Jetzt gehört es wieder ihnen.» [273]

Bei Staatsbanketten wird die exquisite Cuisine von einem von Jacqueline besorgten französischen Koch zubereitet. Noch wichtiger sind die intimeren Diners und die etwas größeren abendlichen Tanzveranstaltungen, bei denen «der Champagner aus jeder Ritze fließt», wie der Journalist Stewart Alsop vermerkt [274], und die Gäste bis in die frühen Morgenstunden den damals verpönten Twist tanzen. Nur wer dazu eingeladen wird, darf sich zur Elite des Landes zählen. «Die besten Partys meines Lebens», schwärmt Schlesinger im Rückblick: «Die tollsten Mädchen, die schönste Zeit. Alle waren so viel besser als normal. Alle waren derart fröhlich, derart hübsch, derart nett.» [275] Der britische Premierminister Harold MacMillan notiert nach seinem Antrittsbesuch in seinem Tagebuch: «Sie haben etwas angenommen, das wir verloren haben, eine lässige Grandeur an den Abenden, nach dem Tagesgeschäft das Versprechen von Partys und hübschen Frauen und schönen Kleidern und Champagner und all das. Ich muss schon sagen, dass der neue, junge Mann viel vom 18. Jahrhundert hat, einen Hauch von Aristokratie.» [276] Der Modedesigner Oleg Cassini, der Jacquelines Garderobe entwirft und sich selbst als «Höfling» bezeichnet, meint: «Jackie wollte ein amerikanisches Versailles.» [277]

Ob Versailles oder Camelot: Sowohl der französische Hof als auch der mythische Sitz des Königs Artus haben einen doppelten Boden. Hinter der glanzvollen Fassade verbergen sich nackte Machtausübung, Missgunst, Intrige, Lüge und sexueller Betrug. Nicht anders ist es im Weißen Haus unter dem amerikanischen Königspaar John und Jacqueline Kennedy. Freunde und Vertraute werden ebenso gegeneinander ausgespielt wie Mitglieder und Berater der Regierung. Wenn sich auch die Intellektuellen im Glanz der Macht sonnen, laufen die Fäden der Macht bei der «irischen Mafia» zusammen, die Kennedy aus Boston mitgebracht hat: Das sind der

Sohn eines Kneipenwirts und politische Berater Lawrence O'Brien; «die Kobra» Kenneth O'Donnell, der für Organisatorisches zuständig ist; und der Hofnarr, Händchenhalter und Mädchenbeschaffer Dave Powers. In Wirklichkeit allerdings genießt nur ein Mensch das unbedingte Vertrauen des Präsidenten: Das ist der Justizminister, der in Kabinettssitzungen und Beraterrunden den «bad cop» zu John F. Kennedys «good cop» gibt: Robert Kennedy.

Wie der Bruder des Präsidenten funktioniert, bekommen einige Stahlunternehmer zu spüren, die Anfang 1962 eine inoffizielle Preisabsprache mit der Regierung brechen. Kennedy reagiert mit blanker Wut. *Sie haben uns gefickt, und wir müssen versuchen, sie zu ficken*, sagt er bei einer Krisensitzung. *Mein Vater hat mir gesagt, dass alle Geschäftsleute Arschlöcher sind. [...] Gott, ich hasse die Bastarde.*[278] Der Justizminister wird angewiesen, die Antitrust-Behörde, die Steuerbehörde und das FBI auf die Stahlunternehmer anzusetzen. Die Regierung droht mit Haus- und Bürodurchsuchungen, mit Telefonabhöraktionen, Verhören und der Beschlagnahme von Steuerunterlagen. *Ich glaube nicht, dass US Steel oder irgendeine andere große Stahlfirma es gern sieht, wenn Agenten des Finanzamts die Spesenrechnungen ihrer leitenden Angestellten überprüfen*, sagt Kennedy zu Red Fay. *Zu viele Hotelrechnungen und Nachtclubausgaben, die beim wöchentlichen Bridgeclub der Frauen draußen im Country Club schwer wegzuerklären sind.*[279] Nach wenigen Tagen geben die Stahlunternehmer klein bei. Bei einem intimen Siegesdinner mit Familie und Freunden bringt Kennedy einen Toast auf Robert wegen seiner die Grenze der Legalität verletzenden Aktionen aus. Der Justizminister unterbricht ihn unter Gelächter: «Sie waren gemein zu meinem Bruder. Das können sie meinem Bruder nicht antun.»[280] In Camelot nimmt man die Dinge gern persönlich.

Journalisten werden durch scheinbare oder wirkliche Vertrautheit korrumpiert und zu Hofpropagandisten degradiert. Selten hat eine Regierung eine derart liebedienerische Presse gehabt. Und als im «Time Magazine» ein kriti-

Die Brüder: John F. und Robert Kennedy am 28. März 1963

scher Artikel über Robert erscheint, ruft der Präsident persönlich beim Besitzer Henry Luce an, der ein Freund der Familie ist. *Ich habe ihn eine Dreiviertelstunde lang zusammengestaucht*, versichert er dem beleidigten Bruder.[281] Kennedys Gesundheitsprobleme entgehen kaum einem der Journalisten, die näher mit ihm zu tun haben. Niemand schreibt darüber. Die Tatsache, dass Kennedy neben der Cortisonbehandlung von seiner persönlichen Ärztin Janet Travell regelmäßig Codein- und Procainspritzen gegen seine Rückenschmerzen erhält, außerdem einen Medikamentencocktail gegen seine Darmprobleme, Antibiotika gegen eine hartnäckige Harnwegsinfektion, Testosteron gegen Gewichtsverlust und Ritalin als Schlafmittel, wird nicht berichtet; schon gar nicht, dass Kennedy gegen die durch die vielen Narkotika verursachte Schläfrigkeit und Antriebsarmut die Dienste von Max Jacobson in Anspruch nimmt, der in Prominentenkreisen als «Dr. Feelgood» bekannt ist und dem Präsidenten eine Kombination aus Amphetaminen und anderen, nicht näher definierten Substanzen spritzt. *Mir ist es egal, ob es Pferdepisse ist,* sagt der Präsident. *Es funktioniert.*[282] Keine Frage, John F. Kennedy ist medikamentenabhängig. Ob das zu irgendeiner Zeit seine Urteilsfähigkeit beeinflusst hat, ist schwer zu sagen; dass aber ein derart kranker und von chemisch beeinflussten Stimmungen abhängiger Mann den Finger am atomaren Abzug hat, ist im Rückblick beängstigend.

Auch über Kennedys Affären schweigen die wichtigen Blätter, obwohl die Gerüchte nie verstummen. Man geht ihnen nicht nach. Was einen Bill Clinton fast die Präsidentschaft kostet, lässt John F. Kennedy im Rückblick nur noch größer erscheinen. Fred Dutton etwa, über Jahrzehnte einer der großen Strippenzieher der Demokratischen Partei, Öllobbyist und Berater des Präsidenten, sagt, Kennedy sei «wie ein Gott» gewesen: er habe «jede gefickt, die er wollte, wann immer er wollte»[283].

Dem Präsidenten werden Affären mit Filmstars wie Angie Dickinson, Rhonda Fleming, Janet Leigh, Jayne Mansfield und Kim Novak nachgesagt, ganz zu schweigen von Marilyn Monroe, mit der sich Kennedy im Haus des Sängers Bing Crosby trifft. Bei der Feier zu seinem 45. Geburtstag tritt sie im Madison Square Garden vor ihm und einigen tausend Gästen in einem durchsichtigen Kleid auf und haucht «Happy Birthday Mr. President» ins Mikrofon. *Jetzt kann ich mich aus der Politik zurückziehen*, witzelt Kennedy, *da ein so süßes und unverdorbenes Mädchen wie Marilyn Monroe «Happy Birthday» für mich gesungen hat.*[284]

Marilyn Monroe auf einer Party im Haus des Chefs der Filmgesellschaft United Artists, Arthur Krim, zwischen Robert und John F. Kennedy, 19. Mai 1962

Der «compulsive womanizer» schläft aber nicht nur mit Filmstars und -sternchen, sondern auch mit diversen Sekretärinnen des Weißen Hauses, mit Jacquelines junger Pressesprecherin und in mindestens einem Fall auch mit einer minderjährigen Praktikantin. Die Beziehungen sind im Weißen Haus ein offenes Geheimnis. Außerdem hat Kennedy Affären mit Frauen aus seinem eigenen sozialen Umfeld, wie Mary Pinchot Meyer, der kultivierten Schwägerin des Kennedy-Freunds und «Newsweek»-Herausgebers Ben Bradlee, die angeblich mit Kennedy im Weißen Haus Marihuana raucht, mit der Akademikerin Helen Chavchavadze und der Studentin Diana de Vegh. Weiterhin benutzt der Präsident aber auch Prostituierte, was seinen Personenschutz oft in Bedrängnis bringt, da unbekannte Frauen von Powers ohne Sicherheitsüberprüfung in Kennedys Hotelzimmer oder seine New Yorker Privatsuite geleitet werden.

Besonders riskant sind die Beziehungen zu den Edelhuren Judith Campbell, Susy Chang und Ellen Rometsch. Campbell ist gleichzeitig Gespielin diverser Mafia-Bosse. Chang hat Verbindungen zu Christine Keeler, deren Doppelliaison mit dem britischen Verteidigungsminister John Profumo und dem sowjetischen Marineattaché in London die Regierung MacMillan zu Fall bringt. Die aus der DDR geflüchtete Rometsch wird verdächtigt, eine sowjetische Spionin zu sein, und wird auf Veranlassung Robert Kennedys in die Bundesrepublik deportiert. Alle drei werden vom FBI beobachtet, womit Hoover noch mehr Material gegen den Präsidenten in der Hand hat. Auch die Opposition bekommt Wind von diversen Liaisons. Aber in jenen Jahren allgegenwärtiger Doppelmoral genügt oft ein diskreter Anruf des Justizministers mit dem Hinweis, man wisse auch einiges über führende Republikaner, um gegenseitiges Stillschweigen zu garantieren.

«Wer zweimal mit derselben pennt / Gehört schon zum Establishment», werden wenig später deutsche Sexualrevolutionäre dichten. Aber für Kennedy bedeutet gerade die Zugehörigkeit zum Establishment, dass für ihn die kleinbürgerlichen Moralvorstellungen der 1950er Jahre ebenso wenig gelten wie für die englischen Aristokraten des 18. Jahrhunderts, die seine Vorbilder sind. Über den mormonischen Gouverneur von Michigan, George Romney, der als möglicher Präsidentschaftskandidat der Republikaner für den Wahlkampf 1964 gehandelt wird – und dessen Sohn 2012 gegen Barack Obama antritt und verliert –, sagt er zu Red Fay: *Man muss einem so moralischen Menschen wie Romney ein wenig misstrauen. Überhaupt keine Laster, raucht nicht, trinkt nicht. Stell dir vor, jemand, den wir kennen, würde sich 24 oder 48 Stunden lang zurückziehen, fasten, meditieren und auf eine Botschaft des Herrn warten, ob er kandidieren solle oder nicht. Klingt das wie einer von uns?*[285]

Trotzdem ist er nicht glücklich. Als ihn Jacqueline einmal fragt, was er im Rückblick auf sein Leben anders machen

JFK war der erste Präsident, der sein Familienleben öffentlich zur Imagepflege inszenierte: mit den Kindern Caroline und John jr., 4. August 1962

würde, wenn er sich einen Wunsch erfüllen könnte, sagt der Präsident: *Ich wünschte, ich hätte mehr Spaß gehabt.*[286]

Jacqueline akzeptiert zwar im Prinzip die aristokratische Sexualmoral ihres Mannes; trotzdem leidet sie. Schließlich sucht sie Hilfe: eine Art Gesprächstherapie. Ihr Vertrauter heißt Frank Finnerty und ist kein Psychotherapeut, sondern – in gewisser Weise passend – Kardiologe. Ihre Gespräche werden ausschließlich telefonisch geführt. Zwei Jahre lang, beginnend im Frühling 1961, ruft die First Lady den Arzt regelmäßig an, im Schnitt zweimal die Woche. «Ich sollte wissen, dass sie nicht naiv oder dumm sei, wie die Leute im Weißen Haus dachten», erinnert sich der Katholik Finnerty später. «Sie wusste, was los war. Diese Unterhaltung hat mich schockiert.» Schließlich gesteht Jacqueline, dass der Sex mit ihrem Mann unbefriedigend ist: «Er macht zu schnell und schläft gleich ein.» [287] Das ist die Klage von Millionen Frauen in der Zeit vor dem großen sexuellen Erwachen der 1960er Jahre. Zwar hat Patrick McKinsey seine Berichte über die männliche und weibliche Sexualität schon 1948 und 1953 veröffentlicht, aber immer noch reden nur wenige Paare offen über Sex. Jacqueline ist durchaus eine typische Frau ihrer Zeit und Schicht, wenn sie – so Finnerty – weder über ihre eigene Anatomie Bescheid weiß noch von Vorspiel und Orgasmus gehört hat. Der Arzt klärt sie behutsam auf und ermuntert sie, mit ihrem Mann über ihre Bedürfnisse zu reden, was sie tut. Der verunsicherte Präsident nennt Jacqueline fortan unter Freunden *das Sexsymbol* [288].

Kennedys Affären hören nicht auf. Aber die Eheleute scheinen im Sommer und Herbst 1963 auf dem Weg zu einem neuen Selbstverständnis. Der Verlust ihres dritten Kindes wenige Tage nach der Geburt im August hat sie einander nähergebracht. Jacquelines Erfolge bei ihren gemeinsamen Reisen nach Südamerika und Europa zeigen ihm, dass sie auch politisch eine wichtige Stütze sein kann. Seit dem Tag der Amtseinführung hat sie den Präsidenten aber nie auf Reisen innerhalb der USA begleitet, was ihm nur recht ist, da ihre Abwesenheit ihm die Freiheit zu sexuellen Abenteuern gibt. Als Kennedy jedoch die Wahlkampfreise nach Texas plant, besteht er darauf, dass Jacqueline mitkommt.

Dallas: ein Attentat und seine Folgen

Der Himmel über Dallas ist wolkenlos: «Kennedy-Wetter», sagt ein Berater.[289] Der Präsident kann wie geplant in einer offenen Limousine durch die Stadt fahren. Dallas ist die letzte Station der zweitägigen Reise nach Texas, und bisher ist alles viel besser gelaufen als erwartet. Der Empfang in Houston, San Antonio und Fort Worth ist herzlich gewesen, der Kennedy-Zauber wirkt auch in Texas, und als Air Force One auf dem Flughafen Love Field aufsetzt und die Kennedys – er im eleganten blaugrauen Anzug, sie im rosaroten Wollkostüm und mit Pillenschachtelhut – in der Tür des Flugzeugs erscheinen, strecken ihnen Tausende die Hände entgegen, rufen begeistert: «Jack! Jackie!»

In den Straßenschluchten der Innenstadt stehen die Menschen dicht gedrängt auf dem Bürgersteig, schwellen die Rufe zu einem Donnern an. Mit dem Präsidentenehepaar fahren der Gouverneur von Texas, John Connally, und seine Frau Nellie. Als die Limousine die Innenstadt hinter sich lässt und über Dealey Plaza in Richtung auf eine Bahnunterführung rollt, sagt Nellie Connally: «Sie können jedenfalls nicht behaupten, dass Dallas Sie nicht liebt, Mr. President.» Es sind die letzten Worte, die John F. Kennedy hört.[290]

«Bei der Fahrt im offenen Wagen, wissen Sie, da winkte er meistens nach rechts und ich nach links», erinnert sich Jacqueline bei ihrer Aussage vor der Kommission, die den Mord untersucht. «Also, ich sah nach links [...], und ich hörte diese schrecklichen Geräusche, Sie wissen schon.»[291] Um 12 Uhr 30 Ortszeit fallen binnen sechs Sekunden drei Schüsse. Die erste Kugel durchquert Kennedys Hals und trifft Gouverneur Connally. Jacqueline dreht sich zu ihrem Mann und sieht einen fragenden Ausdruck auf seinem Gesicht. Er

Dallas, 22. November 1963

scheint nach seinem Hals greifen zu wollen, fällt ihr aber langsam entgegen. Der zweite Schuss geht daneben. «Dann gab es einen dritten Schuss, der den oberen Teil vom Kopf des Präsidenten wegschoss», berichtet David Powers, der im Auto unmittelbar hinter der Präsidentenlimousine fährt, «und zwar mit einem widerlichen Geräusch, wie wenn eine Grapefruit an die Wand geklatscht wird.» [292] Nellie Connally erinnert sich: «Als ich den dritten Schuss hörte, war mir, als ob man mit Schrot auf uns geschossen hätte, und dann sah ich natürlich, dass es dieses Zeug war, Gehirnmasse oder was auch immer, menschliche Substanz, das ganze Auto war damit über und über bekleckert, und wir auch. [...] Mrs. Kennedy sagte: [...] ‹Jack, sie haben meinen Mann getötet. Ich habe sein Gehirn in meinen Händen.›» [293]

In Panik klettert Jacqueline auf den Kofferraum, ein Bodyguard springt auf die Limousine, drückt Jacqueline zurück auf den Sitz und schützt sie mit seinem Körper, während der Fahrer endlich Gas gibt. Wenige Minuten später

Das Attentat

kommt der Autokorso im Parkland Memorial Hospital an. Bei der Ankunft ist der Präsident bereits hirntot, doch die Ärzte bemühen sich, einen flatternden Herzschlag aufrechtzuerhalten, bis ein katholischer Priester aufgetrieben werden kann, um dem Präsidenten die Absolution zu erteilen.

Um 13 Uhr wird John F. Kennedy für tot erklärt. Um 14 Uhr 30 legt Lyndon B. Johnson in der Hauptkabine von Air Force One, flankiert von seiner Ehefrau Lady Bird und von Jacqueline Kennedy in ihrem blutverschmierten Kostüm, den Amtseid als 36. Präsident der Vereinigten Staaten ab. Die 1036 Tage des Präsidenten John F. Kennedy sind vorbei.

Um diese Zeit ist der Mörder bereits gefasst. In Dealey Plaza haben mehrere Menschen gesehen, wie jemand aus dem fünften Stock eines Auslieferungslagers für Schulbücher auf den Autokorso geschossen hat. Ein Zeuge beobachtet den Mann mit dem Gewehr sogar einige Minuten vor den Schüssen im Fenster des Lagerhauses, hält ihn aber für einen Geheimdienstagenten, der den Präsidenten schützt. Auf-

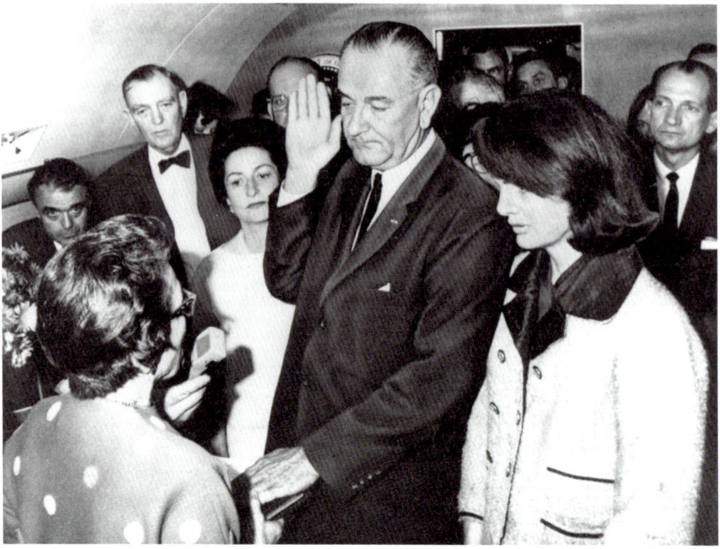

Lyndon B. Johnson wird an Bord der Air Force One als neuer Präsident der USA vereidigt. Rechts Jacqueline Kennedy

grund der Zeugenaussagen kann die Polizei schon wenige Minuten nach dem Anschlag eine Personenbeschreibung des mutmaßlichen Mörders an alle Streifenwagen durchgeben. Um 13 Uhr 15 sieht der Polizist J. D. Tippit einen Mann, auf den die Personenbeschreibung zutrifft und der es anscheinend sehr eilig hat. Mehrere Zeugen beobachten, wie der Polizist aus seinem Wagen aussteigt, um den Mann anzusprechen, der eine Pistole zieht und Tippit mit vier Schüssen niederstreckt. Einige Menschen verfolgen den flüchtenden Polizistenmörder, der schließlich in ein Kino verschwindet, das kurz darauf von der Polizei umstellt wird. Bei seiner Festnahme ruft der Mann: «Jetzt ist alles vorbei!», und zieht seine Pistole, wird aber überwältigt, bevor er schießen kann. Kurz vor 14 Uhr wird er in die Polizeizentrale von Dallas gebracht.

Inzwischen haben Polizisten das «Texas School Book Depository» durchsucht. Im fünften Stock finden sie ein

Gewehr mit Zielfernrohr und drei leere Patronenhülsen. Der Verwalter des Lagerhauses stellt fest, dass einer seiner Mitarbeiter verschwunden ist. Als sein Name an alle Einheiten durchgegeben wird, stellt sich heraus, dass er sich wegen des Mordes am Polizisten Tippit bereits in Polizeigewahrsam befindet. Er heißt Lee Harvey Oswald.

Oswald wird am 18. Oktober 1939 in New Orleans geboren. Seine Mutter Marguerite ist Verkäuferin, Lee ist ihr drittes Kind. Der Vater stirbt zwei Monate vor Lees Geburt. Der schwächliche, introvertierte Junge ist überdurchschnittlich intelligent und liest viel und gern, doch seine Legasthenie macht ihn zum Schulversager. 1953 wird Lee als notorischer Schulschwänzer ins Heim eingewiesen. Die dortigen Psychiater finden einen «emotional schwer gestörten Jugendlichen» vor, der an den Folgen «emotionaler Isolation und Deprivation, Mangel an Zuwendung, Fehlen eines Familienlebens und Ablehnung durch [...] die Mutter» leidet. Sie diagnostizieren «eine gestörte Persönlichkeitsstruktur mit schizoiden Merkmalen und passiv-aggressiven Tendenzen» und stellen fest, dass Lee «seine Mängel und Frustrationen durch rege Phantasien kompensiert, die sich um die Themen Allmacht und Gewalt drehen».[294] Mit siebzehn geht Oswald zu den «Marines», der Elitetruppe des US-Militärs. Der schmächtige Jugendliche wird zum Radartechniker ausgebildet; als Soldat lernt er aber auch, mit Waffen umzugehen, und erreicht den Grad eines Scharfschützen.

Seit seinem fünfzehnten Lebensjahr beschäftigt sich Oswald mit dem Marxismus. Castro begeistert ihn. Er träumt von einem Leben als Revolutionär, von Rache an der Gesellschaft, die ihn zum Außenseiter macht. 1959 fährt er nach Moskau, gibt seinen Pass in der US-Botschaft ab und beantragt die sowjetische Staatsbürgerschaft. «Amerika ist ein sterbendes Land», schreibt Oswald an seinen Bruder. «Ich will kein Teil davon sein. [...] Du sprichst von Vorteilen. Glaubst Du, ich bin deshalb hier? Wegen persönlicher, materieller Vorteile? Das Glück gründet sich nicht in einem selbst. Es besteht nicht aus einem kleinen Häuschen, aus Nehmen und Bekommen. Das Glück liegt in der Teilnahme am Kampf, wo es keine Grenzlinie zwischen seiner persönlichen Welt und der Welt an sich gibt.» [295]

Allerdings wissen die Sowjets wenig mit einem Überläufer anzufangen, der weder Staatsgeheimnisse verraten kann noch sich als prominentes Aushängeschild eignet. Statt ein Leben als Revolutionär zu führen, wird Oswald als Arbeiter in eine Fabrik für Rundfunk- und Fernsehgeräte in Minsk gesteckt. Über seine Erlebnisse führt er seit seiner Ankunft in Moskau ein «Historisches Tagebuch». Doch kann er keine historischen Ereignisse darin vermerken. Im Januar 1961 notiert er: «Ich beginne, meinen Wunsch, hierzubleiben, zu überdenken, die Arbeit ist langweilig, das Geld, das ich bekomme, kann ich nirgendwo ausgeben. Keine Nachtclubs oder Bowling-Bahnen, keine Erholung außer Tanzveranstaltungen der Gewerkschaft. Ich habe es satt.» [296] Immerhin bekommt er als Ausländer eine große Wohnung, wird Mitglied eines Jagdclubs und gilt als Amerikaner zum ersten Mal in seinem Leben etwas bei den Frauen. Am 30. April 1961 heiratet er die schöne Marina Prusakowa. Im Februar des nächsten Jahres wird ihre Tochter June Lee geboren.

Inzwischen reift in ihm ein neuer, großartiger Plan. Er wird nach Amerika zurückkehren, um die Unmenschlichkeit beider Weltsysteme zu bezeugen. «Wie viele von euch haben versucht, die Wahrheit hinter den Phrasen des Kalten Krieges zu suchen? Ich habe unter beiden Systemen gelebt, ich habe die Antworten gesucht», schreibt er in einem «Manifest», das er in Amerika veröffentlichen will. «Beide Systeme bieten imperialistisches Unrecht, verschiedene Schattierungen und Abarten der Sklaverei.» [297] So erlebt er es wohl auch. Oswald beantragt für sich, Marina und das Kind die Rückkehr in seine Heimat. Die Sowjets machen keine Schwierigkeiten. Das amerikanische Außenministerium leiht ihm sogar das Geld für die Reise. Im November 1962 ist der Revolutionär wieder in Amerika.

Freilich wird Oswald dort nicht wie der verlorene Sohn empfangen. Niemand interessiert sich für ihn, seine Erfahrungen, sein Manifest. Er kehrt in die gleiche Bedeutungslosigkeit zurück, aus der er geflohen ist. Er lebt in New Orleans, Fort Worth und Dallas, ist aber nirgendwo zu Hause. Seine Jobs langweilen ihn. Das Geld reicht nie aus, um Marinas steigende materielle Bedürfnisse zu befriedigen. Sie wendet sich von ihm ab, nennt ihn einen Versager und macht sich vor Bekannten – echte Freunde hat Oswald nicht – über seine mangelnde Potenz lustig. Schließlich zieht sie aus der gemeinsamen Wohnung aus und lebt bei einer Freundin, wo Oswald sie und die Tochter nur an den Wochenenden besuchen darf.

Auch politisch findet Oswald keine Heimat. Er bezieht kommunistische Zeitungen und korrespondiert mit einem Leitungsmitglied der Kommunistischen Partei, wird aber nicht Mitglied. Im Sommer 1963 gründet er in New Orleans eine Sektion des Castro-freundlichen Komitees «Gerechtigkeit für Kuba», deren einziges Mitglied er selbst wird, und schreibt Berichte über die – meist frei erfundenen – Aktivitäten der Gruppe an die Zentrale in New York. Gleichzeitig versucht er, anscheinend ohne Auftrag, eine in New Orleans arbeitende Anti-Castro-Gruppierung zu infiltrieren. Bei seinen politischen Aktivitäten verwendet er oft den Decknamen «A. J. Hidell». Unter dem Namen «Hidell» bestellt er auch von einem Versandhaus sein Gewehr und seine Pistole. Mit dem Gewehr unternimmt er im April 1963 einen erfolglosen Attentatsversuch auf den rechtsradikalen Ex-General Walker. Im Sommer 1963 reist er nach Mexico City, wo er sich in der kubanischen Botschaft vergeblich um ein Einreisevisum für Kuba bemüht und auch die sowjetische Botschaft besucht. Es ist, als ob Oswald geradezu danach schreit, von den amerikanischen Sicherheitsbehörden entdeckt zu werden.

Vom FBI wird Oswald seit seiner Rückkehr aus der UdSSR «beobachtet». Aber selbst die in Bezug auf Kommunisten notorisch paranoide Bundespolizei hält ihn für einen großmäuligen Versager, und die Observierung wird so schlampig durchgeführt, dass der auf ihn angesetzte FBI-Agent am 22. November 1963 nicht einmal Oswalds aktuelle Adresse kennt. Weder wird Oswald in Verbindung mit dem Anschlag auf Walker gebracht, noch wird das FBI-Büro in Dallas über seine Reise nach Mexiko informiert, obwohl natürlich alle Besucher der kubanischen und sowjetischen Botschaft dort vom US-Geheimdienst beobachtet werden. So setzt das FBI Oswald nicht einmal auf die Liste der Menschen, die als mögliche Sicherheitsrisiken für den Präsidenten gelten.

Zwei Tage nach dem Attentat soll Oswald aus dem Polizeihauptquartier von Dallas in ein ordentliches Gefängnis überführt werden. Wie in den Tagen zuvor sind die Sicherheitsvorkehrungen lächerlich, drängeln sich die Journalisten und Kameraleute, um einen besseren Blick auf Oswald

24. November 1963: Jack Ruby (mit Hut, rechts) erschießt Lee Harvey Oswald

zu bekommen. Als er im Keller der Polizeizentrale zu einem Polizeiauto geführt wird, schiebt sich ein Mann nach vorn, zieht eine Pistole und schießt Oswald vor den laufenden Fernsehkameras in den Bauch. Oswald wird sofort ins Parkland Hospital gefahren, wo er wenig später stirbt.

Oswalds Mörder nennt sich Jack Ruby, betreibt zwei Striptease-Lokale in Dallas und hat gute Beziehungen zur Polizei. Ruby wächst als Jacob Rubinstein im jüdischen Getto von Chicago auf. Er ist das fünfte von acht Kindern. Sein Vater ist Trinker, seine Mutter Neurotikerin. Wie sein Opfer Lee Oswald verbringt Jacob Rubinstein einen Teil seiner Kindheit im Heim; wie Oswald fällt er den Behörden zuerst wegen Schulschwänzens auf; der Bericht der Heimpsychiater charakterisiert ihn als «jähzornig»[298]. Wie Oswald verlässt Rubinstein mit sechzehn die Schule; er schlägt sich in Chicago, Los Angeles und San Francisco am Rande der Legalität durch, wird wie Oswald Soldat – und wie Oswald «Scharfschütze» – und schließlich Barbesitzer in Dallas.

Jack Ruby kann abwechselnd aufbrausend und sentimental sein, ist autoritätshörig und geltungssüchtig. Der Mord an Kennedy verstört ihn zutiefst. Seiner Schwester sagt er, es gehe ihm schlimmer als nach dem Tod seiner Eltern. Außerdem entwickelt er die paranoide Phantasie, dass der Mord den Juden in die Schuhe geschoben werden und als Auftakt für ein Pogrom benutzt werden könnte. Am Morgen des 24. November liest er in der Zeitung, dass Jacqueline Kennedy eventuell nach Dallas zurückkehren müsse, um im Prozess gegen Oswald auszusagen, «und plötzlich empfand ich, und das war so dumm, dass ich meine Liebe zu meinem Glauben zeigen wollte, ich bin ja jüdischen Glaubens [...], dass irgendjemand es unserem geliebten Präsidenten schuldete, ihr die Tortur zu ersparen, hierher zurückzukommen»[299]. Stirbt Oswald, gibt es ja keinen Prozess.

Ruby wird wegen Mordes zum Tode verurteilt, stirbt aber 1967 eines natürlichen Todes. Zwar hat er Jacqueline Kennedy die Qual einer Aussage vor Gericht erspart. Seinem Land erweist er jedoch keinen guten Dienst. Längst hat sich bei der Mehrheit der Amerikaner, ja der Menschen weltweit, der Verdacht zur Gewissheit erhärtet, dass Oswald zum Schweigen gebracht wurde, um die Wahrheit zu vertuschen; dass John F. Kennedy nicht Opfer eines Einzeltäters, sondern einer Verschwörung war.

Unmittelbar nach den Schüssen, den zerstörten Kopf ihres Mannes im Schoß, ruft Jacqueline: «Mein Gott, was tun sie? Mein Gott, sie haben Jack umgebracht!» Der verwundete Connally schreit: «Nein, nein, nein, nein, nein! Sie werden uns alle töten!» Der Amateurfilmer Abraham Zapruder kreischt immer wieder: «Sie haben ihn getötet, sie haben ihn getötet!»[300] «Sie»: Das Pronomen bezeichnet eine Schattenmacht. Wer aber sind «sie»?

Das US-Militär sieht in der Liquidierung des Oberkommandierenden den möglichen Auftakt zu einem sowjetischen Überraschungsangriff. Während noch ein Geheimdienstmann die Tasche, in der sich der Schlüssel für die Freigabe der Atomwaffen befindet, verloren durch die Gänge des Parkland-Krankenhauses schleppt, sind schon alle Streitkräfte in die höchste Alarmbereitschaft – «Red Alert» – versetzt worden und bereit zum atomaren Gegenschlag.

Radio Moskau hingegen erklärt schon am 24. November,

Jacqueline Kennedys Leben nach dem Weißen Haus

Robert Kennedy wird im Februar 1968 erschossen. Jacqueline reagiert panisch. «Wenn sie Kennedys ermorden, sind auch meine Kinder Zielscheiben. Ich will raus aus diesem Land.» Im Oktober 1968 heiratet sie den griechischen «Tanker-König» und Milliardär Aristoteles Onassis. Als «Jackie O.» wird sie ein begehrtes Ziel der Paparazzi und Objekt der Klatschkolumnisten. Das Paar lebt abwechselnd in New York, New Jersey, Paris, auf Onassis' Privatinsel Skorpios oder seiner Jacht. Onassis stirbt 1975. Nach griechischem Recht kann eine ausländische Witwe das Vermögen nicht erben. Jacqueline akzeptiert schließlich eine Abfindung von 26 Millionen Dollar. Nach Onassis' Tod arbeitet Jacqueline als Lektorin für den New Yorker Verlag Viking Press. 1978 wechselt sie zu Doubleday. Von 1980 bis zu ihrem Tod ist sie mit dem aus einer orthodoxen jüdischen Familie stammenden Industriellen und Diamantenhändler Maurice Tempelsman liiert, der auch ihr Vermögen verwaltet. Am 19. Mai 1994 stirbt Jacqueline Kennedy Onassis im Alter von 64 Jahren an Krebs. Sie wird neben John F. und Robert Kennedy auf dem Friedhof Arlington beigesetzt.

der Mord an Kennedy sei das Werk einer «großen Organisation», und vergleicht ihn mit dem Reichstagsbrand 1933, den die Nazis gelegt hätten, um ihre Diktatur zu begründen.[301] Am 25. erklärt der Sender, es handele sich «um eine kriminelle Verschwörung, gesponnen von den finstersten Kräften der Reaktion», um Kennedys Entspannungspolitik zu torpedieren.[302] Freilich sind solche Verdächtigungen auch eine Panikreaktion; denn Oswalds kommunistische Vergangenheit wird schon Stunden nach dem Attentat bekannt.

Sieben Tage nach Dallas ernennt Lyndon B. Johnson eine Kommission unter dem Vorsitz des Bundesrichters Earl Warren zur Aufklärung des Attentats. Den zunächst unwilligen Warren überredet Johnson mit einem bezeichnenden Argument: Es gebe «diese wilden Leute, die behaupten, Chruschtschow hat Kennedy getötet, Castro hat Kennedy getötet, alle möglichen Leute haben Kennedy getötet». Die Gerüchte könnten einen Weltkrieg auslösen; sie sollen zum Verstummen gebracht werden.[303] So hat die Warren-Kommission von vornherein den politischen Auftrag, ein Komplott – insbesondere eine kommunistische Verschwörung – auszuschließen und die Alleintäterschaft Oswalds zu beweisen.

Dabei ist Johnson selbst von der Existenz einer Verschwörung überzeugt. Zur selben Zeit, als er Richter Warren den Auftrag gibt, «Gerüchten» die Grundlage zu entziehen, fragt er FBI-Chef Hoover, ob es eine Verbindung zwischen Oswald «und der kubanischen Operation» gibt. 1965, ein Jahr nach Veröffentlichung des Kommissionsberichts, der Oswald als Einzeltäter identifiziert, sagt Johnson zu seinen Beratern: «Kennedy hat versucht, Castro zu erwischen, aber Castro hat ihn vorher erwischt.»[304]

Dass Kennedy als Antwort auf die Schweinebucht «Castro erwischen» will, ist aktenkundig. Nachdem er 1961 CIA-Direktor Dulles und 1962 auch Bissell gefeuert hat, ernennt der Präsident seinen Bruder zu seinem «persönlichen Vertreter» bei der CIA. Robert wiederum richtet außerhalb der Zuständigkeit des Geheimdienstes und der Militärs eine

«Special Group for Counterinsurgency» (Sondergruppe zur Aufstandsbekämpfung) ein, die ihrerseits die «kubanische Operation» initiiert, die den Codenamen «Mongoose» (Manguste) erhält. Die dafür zuständige «Arbeitsgruppe W» hat einen geheimen Jahresetat von 50 Millionen Dollar, beschäftigt etwa 400 amerikanische und 2000 kubanische Mitarbeiter, besitzt Stützpunkte in Washington und Miami, Schiffe, Flugzeuge sowie 50 Tarnorganisationen und -firmen. Damit führt sie einen geheimen Krieg gegen Kuba, zündet Zuckerrohrfelder an, sprengt Brücken und Fabriken in die Luft. Per Flugblatt werden Kopfgelder für den Mord an kommunistischen Funktionären angeboten.

Im Zentrum der Operation stehen aber Attentatsversuche gegen Castro. Dazu werden führende Mafiosi wie Sam Giancana, Johnny Roselli und andere kontaktiert, die durch die kubanische Revolution ihre Casinos und Bordelle verloren haben. Während also Robert Kennedy als Justizminister einen Krieg des FBI gegen das organisierte Verbrechen ankündigt, beauftragt Robert Kennedy als Chef der geheimen «Sondergruppe zur Aufstandsbekämpfung» Gangster mit der Ermordung eines außenpolitischen Gegners. Merkwürdigerweise versagt die sonst so effiziente Mafia bei dieser Aufgabe vollständig.

Die Mordkomplotte gehen aber weiter. Schließlich gelingt es, einen Major der kubanischen Armee und Vertrauten Castros als Agenten zu rekrutieren: Rolando Cubela. 1956 hat Cubela Batistas Abwehrchef im Auftrag Castros ermordet. Nun signalisiert er seine Bereitschaft, einen Putsch gegen Castro zu organisieren. Bei einem Geheimtreffen verspricht ihm Desmond FitzGerald, Chef der «Arbeitsgruppe W» und Freund Robert Kennedys, die Lieferung von Gewehren und Sprengstoff. Außerdem gibt er dem Kubaner einen Kugelschreiber, mit dem er eine vergiftete Nadel auf Castro abschießen soll.[305] Das Treffen der beiden Männer findet am 22. November 1963 statt. Johnson übertreibt nicht, als er kurz vor seinem Tod einem Journalisten sagt, die

Die Beerdigung John F. Kennedys auf dem Heldenfriedhof Arlington, 25. November 1963

Kennedys hätten «in der Karibik eine verdammte Mord-GmbH betrieben»[306].

Mit ziemlicher Sicherheit weiß auch Fidel Castro von diesen Operationen. Schließlich hat er Informanten in den Reihen der Exilkubaner und der Mafia. Möglicherweise ist Cubela selbst Doppelagent. Am 7. September 1963 gibt Castro ein Interview, in dem er die Initiatoren der Mordkomplotte warnt: «Wir sind bereit […], es ihnen mit gleicher Münze heimzuzahlen. Die Führer der Vereinigten Staaten sollten bedenken, dass sie selbst nicht sicher sein werden, wenn sie terroristische Pläne zur Liquidierung kubanischer Führer unterstützen.»[307]

Im Warren-Bericht mit seinen über 850 Seiten und 26 Bänden mit Materialien steht aber nichts über jene «verdammte Mord-GmbH». Die CIA verschweigt der Kommission die Operationen gegen Kuba, das FBI hält Informationen zurück, um sein Versagen bei der Beobachtung Oswalds zu vertuschen. Die Hauptschuld an der Irreführung der Kommission trifft aber Robert Kennedy, der den geheimen Krieg gegen Castro geleitet hat und als Justizminister gegenüber dem FBI weisungsbefugt ist. Das fatale Familienethos der Imagekontrolle lässt ihn schweigen, obwohl er sich bis zu seiner eigenen Ermordung ständig fragen muss, ob seine Handlungen zum Tod seines Bruders geführt haben.

Dem Warren-Bericht gelingt es zunächst, Verschwörungsgerüchte zum Schweigen zu bringen. Noch heute lohnt es sich, die sorgfältigen kriminologischen Untersuchungen und die vielen Zeugenaussagen zu lesen, die eindeutig Oswald als Täter überführen. Oswald ist denn auch das schwächste Glied in jeder Verschwörungstheorie. Sicher gibt es Gruppen, die möglicherweise ein Motiv und auf jeden Fall die Mittel gehabt hätten, Kennedy zu ermorden: Agenten Castros; Exilkubaner und Ex-CIA-Agenten, die Kennedys Absage an eine Invasion Kubas für Verrat halten; Rechtsradikale und Rassisten; die von Robert Kennedy bedrängte Mafia. Das Theaterstück «Macbird!» von Barbara Garson nach William Shakespeares «Macbeth» unterstellt 1967 sogar, Lyndon B. Johnson habe Kennedy töten lassen, um selbst Präsident zu werden und den Vietnamkrieg im Interesse der Rüstungsindustrie zu eskalieren. Dass sich solche Verschwörer ausgerechnet auf einen Versager wie Lee Harvey Oswald mit seinem billigen Versandhausgewehr hätten stützen sollen, erscheint jedoch geradezu absurd.

Wenn aber die Vorstellung, Oswald sei das Werkzeug

Das Attentat als Fiktion: Romane über den Mord an JFK

Don DeLillo: Libra (dt.: Sieben Sekunden), 1988
Enttäuschte CIA-Agenten wählen Oswald als Attentäter, gerade weil sie davon ausgehen, dass er scheitern wird. Der Attentatsversuch des Castro-Sympathisanten soll die USA in einen Krieg mit Kuba treiben.

D. M. Thomas: Flying in to Love, 1992
Eine Rekonstruktion des Attentats aus dem Blickwinkel verschiedener Menschen. Kennedy wird Opfer einer Verschwörung, die von seinem Nachfolger Lyndon B. Johnson und FBI-Chef J. Edgar Hoover vertuscht wird.

James Ellroy: American Tabloid (dt.: Ein amerikanischer Thriller), 1995
Kennedy wird das Opfer ehemaliger Polizisten, die für die Mafia, zum Teil auf eigene Faust, zum Teil aber gleichzeitig als Informanten des FBI arbeiten. ➲

einer mächtigen Schattenmacht gewesen, absurd erscheint, so ist die Vorstellung, ein so bedeutendes Ereignis wie der Tod eines Präsidenten könne das Werk eines so unbedeutenden Menschen sein, fast unerträglich. «Ihm wurde nicht einmal die Genugtuung zuteil, für die Bürgerrechte getötet zu werden», sagt Jacqueline bitter, als sie von Oswalds Festnahme hört. «Es ist – es musste irgendein dummer kleiner Kommunist sein.» [308]

Der Wunsch, hinter der Tat von Dallas mehr zu entdecken als eine individuelle Psychopathologie; das wachsende Misstrauen gegen die Regierung im Zuge des Vietnamkriegs, der Rassen- und Studentenunruhen in der zweiten Hälfte der 1960er Jahre; und schließlich die Lücken und Ungereimtheiten des Warren-Berichts rufen bald ein Heer von Hobby-Detektiven, Sensationsjournalisten und Verschwörungstheoretikern auf den Plan. 1967 erhebt sogar Jim Garrison, Staatsanwalt in New Orleans, Anklage gegen den Geschäftsmann Clay Shaw als Haupt einer Verschwörung von Rechtsradikalen und der CIA zum Mord an Präsident Kennedy. Das Verfahren – Gegenstand des Films «JFK» von Oliver Stone – endet zwei Jahre später mit einem Freispruch für Shaw.

Mark Lawson: Idlewild, 1996
Kennedy hat das Attentat überlebt und nach dem Ende seiner zweiten Amtszeit Marilyn Monroe geheiratet. Zum Zeitpunkt seines Todes, 1993, gehört er wegen des Vietnamkriegs zu den unpopulärsten Präsidenten des 20. Jahrhunderts.

Stephen King: 11/22/63 (dt.: Der Anschlag), 2011
Ein Mann reist aus der Gegenwart des frühen 21. Jahrhunderts zurück in die Zeit vor 1963, um Lee Harvey Oswalds Attentat zu verhindern – mit unerwarteten Folgen.

Vor dem 22. November 1963 erscheint es den meisten Amerikanern unvorstellbar, dass ihre eigene Regierung in illegale Aktivitäten verwickelt werden könnte. Zwölf Jahre später, nach der Watergate-Affäre und dem Rücktritt von Präsident Richard Nixon, trauen die meisten Amerikaner ihrer Regierung alles zu. 1975 setzt Nixons Nachfolger Gerald Ford – der als Kongressabgeordneter Mitglied der Warren-Kommission gewesen ist und das FBI über die internen Beratungen auf dem Laufenden gehalten hat – eine Kommission unter dem Vorsitz von Vizepräsident Nelson Rockefeller ein, um illegale Aktivitäten der CIA in den USA zu untersuchen.

Die Kommission geht auch der Frage einer Beteiligung des Geheimdienstes an dem Kennedy-Mord nach und findet dafür «keinen glaubwürdigen Beweis»[309]. Auch der Senat setzt einen Untersuchungsausschuss ein, der sich mit Aktivitäten der Geheimdienste beschäftigt. Im Abschlussbericht heißt es, man habe «keine Beweise aufgedeckt, die die Annahme einer Verschwörung gegen Präsident Kennedy rechtfertigen würden»[310]. 1979 untersucht schließlich ein Ausschuss des Repräsentantenhauses die Morde an John F. Kennedy, Robert F. Kennedy und Martin Luther King. Nach zwei Jahren Untersuchungsarbeit und siebzehn Sitzungen kommt der Ausschuss zunächst zu den gleichen Ergebnissen wie die Warren-Kommission: Oswald hat allein gehandelt.

In der achtzehnten und letzten Sitzung hört der Ausschuss aber zwei Akustik-Experten, die ein Tonband der Polizei aus Dallas ausgewertet haben, auf dem angeblich vier, nicht drei Schüsse zu hören seien. Da es für Oswald physisch fast unmöglich wäre, in sechs Sekunden vier Schüsse abzugeben, kommt das Komitee zum Ergebnis, «dass sehr wahrscheinlich zwei bewaffnete Männer auf Präsident Kennedy schossen», der also «wahrscheinlich Opfer einer Verschwörung» gewesen sei.[311] Als die fragliche Aufnahme einige Jahre später von einem Expertenteam überprüft wird, stellt sich allerdings heraus, dass sie erst eine Minute nach dem Mord entstanden ist. Die angeblichen Schüsse sind atmosphärische Störungen.[312]

Obwohl also alle offiziellen Untersuchungen die Ergebnisse der Warren-Kommission bestätigen, glauben immer weniger Amerikaner – in neuesten Umfragen sind es gerade einmal zehn Prozent der Befragten – an die These des Alleintäters Oswald. Denn eine Verschwörung, so schrecklich der Gedanke daran sein mag, bestätigt wenigstens die Logik der Politik. «Sie» sind Menschen, deren Mittel verabscheuungswürdig, deren Zwecke aber nachvollziehbar sind. Oswalds

Tat aber hat die Logik eines Horrorfilms. «Er» ist irgendwo da draußen im Dunkeln, Agent seiner eigenen Wahnvorstellungen: «Nur wer intellektuell ohne Furcht ist, könnte von unserer Doktrin angezogen werden, und doch verlangt diese Doktrin äußerste Zurückhaltung, einen in sich ruhenden, majestätischen Zustand der Macht.»[313] So Oswald in seinem Manifest. Aus dieser Machtvollkommenheit heraus beschließt der verkannte Prophet, dass der Präsident sterben muss.

Was bleibt, ist das schon unwirklich werdende Bild zweier schöner, noch junger, lächelnder Menschen in einem offenen Auto. «Und ich habe mir immer wieder überlegt», sagt Jacqueline, «wenn ich nur nach rechts gesehen hätte, dann hätte ich gesehen, wie der erste Schuss ihn traf, und dann hätte ich ihn herunterziehen können, und der zweite Schuss hätte ihn nicht getroffen.»[314]

Anmerkungen

Quellen:
Wichtigste Quelle für die Arbeit über John F. Kennedy ist die John F. Kennedy Presidential Library and Museum (JFKL) in Boston, Massachusetts. Einige Sammlungen sind inzwischen digitalisiert und online recherchierbar. http://www.jfklibrary.org/
Die offiziellen Reden John F. Kennedys sind zitiert nach den drei Bänden Public Papers of the Presidents of the United States: John F. Kennedy 1961, 1962, 1963, Washington, D. C., 1962, 1963, 1964 (Public Papers).
Die Bände sind online bei www.jfklink.com recherchierbar.

1 http://www.don-mclean.com/americanpie.asp
2 Stephen King: Der Anschlag. München 2012, eBook, S. 94
3 Rede an der Universität Yale, 11. Juni 1962. Public Papers 1962, Nr. 234
4 Rose Kennedy: Alles hat seine Stunde: Meine Lebenserinnerungen. Stuttgart 1974, S. 263
5 Peter Collier und David Horowitz: The Kennedys: an American Drama. London 1985, S. 173
6 Joan Blair und Clay Blair Jr.: The Search for JFK. New York 1976, S. 356
7 «McCall's», August 1957
8 «Fortune», September 1937
9 James MacGregor Burns: John Kennedy. A Political Profile. New York 1959, S. 21
10 Collier und Horowitz, S. 60
11 Edward Kennedy: True Compass. A Memoir. New York 2009, S. 30
12 Rose Kennedy, S. 91 f.
13 William Walton Oral History Interview, JFKL
14 Theodore White: Notes on Interview with Jacqueline Kennedy, November 1963. Theodore White Personal Papers, JFKL
15 Rose Kennedy, S. 56
16 Jacqueline Kennedy: Historic Conversations on Life with John F. Kennedy, hg. von Michael Beschloss. New York 2011, eBook, S. 50
17 Rose Kennedy, S. 142
18 Edward Kennedy, S. 41
19 Ebd., S. 66
20 Arthur M. Schlesinger, Jr.: Kennedy, John F. (Eintrag in: Dictionary of American Biography, New York 1981, Suppl. 7), S. 418
21 John F. Kennedy: My Brother Joe, in: As We Remember Joe, Privatdruck, Cambridge, Mass., 1945, S. 3f.
22 Burns, S. 28
23 Joan Meyers (Hg.): John Fitzgerald Kennedy … As We Remember Him. New York 1965, S. 12
24 Kirk LeMoyne «Lem» Billings Personal Papers, JFKL
25 Collier und Horowitz, S. 180
26 Robert Dallek: John F. Kennedy. An Unfinished Life. New York 2003, S. 37
27 Billings Personal Papers, JFKL
28 Ebd.
29 Collier und Horowitz, S. 66
30 Gespräch mit William Manchester, 29. November 1963, zitiert in: Chris Matthews: JFK: Elusive Hero. New York 2011, eBook, S. 11
31 Burns, S. 24
32 Payson Wild Oral History Interview, JFKL
33 Meyers, S. 17
34 John F. Kennedy: German Diary, August 1937, JFKL
35 Rede vor der Washingtoner Sektion des AJC, 4. Juni 1957. Congressional Record Vol. 103, Part 12, 29. August 1957, S. 16429
36 Burns, S. 250
37 Documents on German Foreign Policy, 1918 – 1945 (Hg.: State

Department, Washington, D.C.). Series D Vol. 1, S. 368
38 Cleveland Amory: The Proper Bostonians. New York 1947, S. 346
39 James T. Crown: The Kennedy Literature: A Bibliographical Essay on John F. Kennedy. New York 1968, S. 178
40 Alan Posener: Franklin Delano Roosevelt. Reinbek 1999, S. 91
41 Blair, S. 110
42 John F. Kennedy: Why England Slept. New York 1940, S. 178
43 Ralph F. de Bedts: Ambassador Joseph Kennedy 1938–1940: An Anatomy of Appeasement. New York 1985, S. 124
44 Joseph P. Kennedy: Diplomatic Memoirs (unveröffentlichtes MS), Kap. 15, S. 5, JFKL
45 «The Times», 20. Oktober 1938
46 Burns, S. 37
47 Kennedy, Why England Slept, S. 184 f.
48 Ebd., S. 21
49 Ebd., S. 155
50 Ebd., S. 159
51 Ebd., S. 176
52 Ebd., S. 177
53 Ebd., S. 181
54 Ebd., S. 180
55 «Boston Sunday Globe», 10. November 1940: http://www.pbs.org/wgbh/americanexperience/features/primary-resources/kennedys-democracy-finished/
56 Nigel Hamilton: JFK: Reckless Youth. New York 1992, S. 431 f.
57 Brief an Joe Jr., Joseph P. Kennedy Papers, JFKL
58 Joseph P. Kennedy Papers, JFKL
59 Robert Bulkley: At Close Quarters. PT Boats in the United States Navy. New York 1962, S. 123
60 Hamilton, S. 616 f.
61 Blair, S. 286 f.
62 Collier und Horowitz, S. 174
63 Herbert S. Parmet: Jack: The Struggles of John F. Kennedy. New York 1980, S. 136
64 Blair, S. 378 f.
65 «New York Journal-American», 23. Juni 1945
66 John F. Kennedy: Notes on Trip to Germany 1945, JFKL
67 Ebd.
68 Burns, S. 60
69 John F. Kennedy: Presidential Recordings, JFKL
70 Matthews, S. 87
71 Theodore Sorenson: Counselor: A Life at the Edge of History. New York 2008, S. 103 f.
72 Matthews, S. 85. Das vorliegende Zitat von Patsy Mulkern nach Patsy Mulkern Oral History Interview, JFKL
73 Blair, S. 546
74 Ralph Martin und Ed Plaut: Front Runner, Dark Horse. Garden City 1960, S. 148
75 Rede in Chicago, 10. März 1947. Blair, S. 546
76 Rede beim Empfang der Ehrendoktorwürde der katholischen Universität Notre Dame, Januar 1950, JFKL
77 Ebd.
78 Thomas Maier: The Kennedys. America's Emerald Kings. New York 2003, S. 268
79 «Boston Post», 22. März 1948
80 Rede vor dem Columbian Fathers Seminary, Milton, Massachussetts. Maier, S. 267
81 Rede im Repräsentantenhaus, 20. Februar 1949. Congressional Record Vol. 95, Part 1, S. 532 f.
82 «The Wheeling Intelligencer», 10. Februar 1950. http://www.wvculture.org/history/government/mccarthy.html
83 The Christoffel Case – Factual Background. Unveröffentlichtes MS, JFKL
84 «New York Post», 30. Juli 1956
85 «Partisan Review», Mai / Juni 1947
86 Burns, S. 54
87 Arthur M. Schlesinger, Jr.: A

Thousand Days. John F. Kennedy in the White House. Boston 1965, S. 96
88 Burns, S. 60
89 John F. Kennedy: Zivilcourage. Wien 1960, S. 23
90 «McCall's», August 1957
91 David Burner: John F. Kennedy and a New Generation. Boston 1988, S. 5
92 Presidential Recordings, JFKL
93 Victor Lasky: JFK. The Man and the Myth. New York 1963, S. 151
94 Parmet, Jack, S. 511
95 Collier und Horowitz, S. 231
96 Edward Kennedy (Hg.): The Fruitful Bough. Privatdruck 1965, S. 127
97 «Los Angeles Times», 29. Februar 1960
98 Collier und Horowitz, S. 214
99 «Time», 2. Dezember 1957
100 Mary Van Rensallaer Thayer: Jacqueline Bouvier Kennedy. New York 1960, S. 95
101 Paul B. Fay: The Pleasure of His Company. New York 1966, S. 160
102 Sally Bedell Smith: Grace and Power. The Private World of the Kennedy White House. London 2004, eBook 2011, loc. 443
103 Ebd., loc. 626
104 Ebd.
105 «Saturday Evening Post», 13. Juni 1953
106 Diary of European Trip 1945, JFKL
107 Herbert von Borch: John F. Kennedy. Amerikas unerfüllte Hoffnung. München 1988, S. 29
108 Burns, S. 155
109 Maier, S. 132
110 Ebd., S. 270 f.
111 Manuskript einer nicht gehaltenen Rede im Senat, Burns, S. 146
112 Anonymisierte Fallgeschichte: American Medical Association Archive of Surgery 71 / 5, November 1955. http://archsurg.jamanetwork.com/Issue.aspx?journalid=76&issueID=14840&direction=P
113 «New York Post», 30. Juli 1960
114 Burns, S. 152
115 «New York Post», 30. Juli 1960
116 John F. Kennedy, Zivilcourage, S. 290. Eleanor Roosevelt zitiert in: Drew Pearsons Kolumne «The Washington Merry-Go-Round», 10. Oktober 1963. http://dspace.wrlc.org/doc/bitstream/2041/50019/b18f07–1010zsisplay.pdf'search=»
117 Kennedy, Zivilcourage, S. 291
118 Ebd., S. 35
119 «New York Times», 25. Juli 1956
120 «Birmingham Post-Herald», 25. Oktober 1956
121 «New York Journal-American», 5. Mai 1957
122 Parmet, S. 387
123 Kennedy, Zivilcourage, S. 252 f.
124 «New York Journal-American», 5. Mai 1957
125 Brief an James P. Coleman, 1. November 1956, 1960. Presidential Campaign Files, JFKL
126 Lasky, S. 203
127 Ebd., S. 249
128 Congressional Record, 1. August 1957, S. 13305 ff.
129 Burns, S. 76
130 «New York Times», 11. März 1960
131 Arthur Krock Oral History Interview, JFKL
132 Rede vor Journalisten in Washington, 10. März 1958. Pre-Presidential Papers, JFKL
133 Maier, S. 98
134 Burns, S. 242 f.
135 Maier, S. 303
136 Ebd., S. 331
137 Burns, S. 247
138 Ebd.
139 Ebd., S. 297
140 «Look», 3. März 1959
141 «Catholic Observer», 6. März 1959
142 Maier, S. 320

143 Ben Adler: Lachen mit Kennedy. Berlin 1967, S. 36
144 Borch, S. 55 f.
145 «New York Times», 11. November 1960
146 Ebd.
147 Borch, S. 59
148 Robert A. Caro: The Years of Lyndon Johnson: The Passage of Power. New York 2012, S. 115
149 Ebd., S. 143
150 http://www.presidency.ucsb.edu/ws/index.php?pid=25966
151 Alan Posener: John F. und Jacqueline Kennedy. Das Königspaar im Weißen Haus. Berlin 1997, S. 92
152 Sidney Kraus (Hg.): The Great Debates. Bloomington, Indiana, 1960, S. 367
153 Arthur M. Schlesinger, Jr.: Journals: 1952 – 2000. New York 2007, S. 63
154 Kraus, S. 367
155 Arthur M. Schlesinger, Jr.: Kennedy or Nixon: Does It Make Any Difference? New York 1960
156 John H. Davis: The Kennedys: Dynasty and Disaster, 1948 – 1983. New York 1984, S. 241
157 Kraus, S. 155
158 «Esquire», November 1960. http://www.esquire.com/features/superman-supermarket
159 «New York Times», 10. November 1960
160 «Vanity Fair», February 2011. http://www.vanityfair.com/society/features/2011/02/kennedy-201102
161 Robert Frost: «Dedication». http://www.pbs.org/newshour/inauguration/frost_poem.html
162 Text der Rede: http://www.jfklibrary.org/JFK/Historic-Speeches/Multilingual-Inaugural-Address/German.aspx
Video: http://www.jfklibrary.org/Asset-Viewer/BqXIEM9F4024ntFl7SVAjA.aspx
163 Arthur M. Schlesinger: The Imperial Presidency. Boston 1973
164 Matthews, S. 23
165 http://www.archives.gov/exhibits/charters/declaration_transcript.html
166 http://www.bobdylan.com/de/node/25833
167 Die Kennedy-Zitate stammen aus Wahlkampfbroschüren des Jahres 1960. Jacqueline zitiert nach: Jacqueline Kennedy: Historic Conversations, loc. 270
168 David Halberstam: The Best and the Brightest. New York 1961
169 Smith, loc. 478
170 Smith, loc. 391
171 Frederick Kempe: Berlin 1961. The Most Dangerous Place on Earth. New York 2011, eBook, S. 140
172 John F. Kennedy: The Strategy of Peace. New York 1960, S. 32
173 Congressional Record Vol. 104, Part 14, S. 17569 ff.
174 Henry Fairlie: The Kennedy Promise. The Politics of Expectation. Garden City 1973, S. 21
175 John F. Kennedy, Strategy, S. 184
176 Ebd., S. 8
177 http://www.eisenhower.archives.gov/research/online_documents/farewell_address.html
178 Fairlie, S. 9
179 John F. Kennedy, Strategy, S. 9 f.
180 Ebd., S. 8
181 Burns, S. 21
182 Rundfunkansprache, 14. November 1951. Pre-Presidential Papers, JFKL
183 John Fitzgerald Kennedy: A Compendium of Speeches, Statements and Remarks Delivered During His Service in the Congress of the United States. Washington, D.C., 1964, S. 1052 ff.
184 Inaugural Address. Public Papers 1961, Nr. 1
185 Public Papers 1961, Nr. 138
186 John F. Kennedy: To Turn the

Tide. New York 1962; Dämme gegen die Flut. Frankfurt am Main 1964
187 http://www.kropfpolisci.com/exceptionalism.fukuyama.pdf
188 Walt R. Rostow: The Stages of Economic Growth. A Non-Communist Manifesto. New York 1960
189 Fairlie, S. 131
190 Public Papers 1961, Nr. 11
191 Thomas Brown: JFK: The History of an Image. Bloomington, Indiana, 1988, S. 37
192 Jacqueline Kennedy, Historic Conversations, S. 185
193 Dallek, S. 367
194 Ebd., S. 450
195 Ebd.
196 Ebd., S. 356
197 Ebd., S. 362
198 Kennedy, Strategy of Peace, S. 132
199 Lasky, S. 447
200 John Lewis Gaddis: The Cold War. A New History. New York 2005, S. 214
201 Lasky, S. 361
202 Kempe, S. 209
203 Ebd., S. 258
204 Die sowjetischen Gesprächsprotokolle des Wiener Gipfels, in: Stefan Karner et al. (Hg.): Der Wiener Gipfel 1961. Kennedy – Chruschtschow. Innsbruck 2011, S. 987
205 Ebd.
206 Kempe, S. 138
207 Ebd., S. 315
208 Public Papers 1961, Nr. 231
209 Kempe, S. 316
210 Ebd., S. 379
211 Diethelm Prowe: Der Brief Kennedys an Brandt vom 18. August 1961 – eine zentrale Quelle zur Berliner Mauer und der Entstehung der Brandtschen Ostpolitik. Vierteljahrshefte für Zeitgeschichte 33(2) 1985, S. 373 ff. http://www.ifz-muenchen.de/heftarchiv/1985_2.pdf
212 «Der Spiegel», 30. August 1961
213 Prowe, S. 375
214 Ebd., S. 383 f.
215 Ebd.
216 Kempe, S. 259
217 Christoph Münger: Kennedy, die Berliner Mauer und die Kubakrise. Die westliche Allianz in der Zerreißprobe 1961–1963. Paderborn 2003, S. 102
218 http://en.wikisource.org/wiki/DeGaulle's_Veto_on_British_membership_of_the_EEC
219 Jacqueline Kennedy, Historic Conversations, S. 293 f.
220 Hans-Peter Schwarz: Adenauer. Der Staatsmann. Stuttgart 1991, S. 747
221 Münger, S. 146–166
222 Theodore Sorensen: Kennedy. New York 1965, S. 559
223 Public Papers 1963, Nr. 266. Siehe auch Willy Brandt: Begegnungen mit Kennedy. München 1964, S. 222
224 Public Papers 1963, Nr. 269
225 Public Papers 1963, Nr. 271. Siehe auch Borch, S. 95 f.
226 Kempe, S. 499
227 Münger, S. 104
228 Kempe, S. 449
229 Gaddis, S. 75
230 William Taubman: Khrushchev. The Man and his Era. New York 2003, eBook, loc. 13952
231 Schlesinger, A Thousand Days, S. 363
232 Robert Kennedy: Thirteen Days: The Cuban Missile Crisis. London 1969, S. 60
233 Die folgende Darstellung nach Kempe, S. 431 ff., und Gaddis, S. 72 ff.
234 Kempe, S. 430
235 Ted Widmer (Hg.): John F. Kennedy: Die geheimen Aufnahmen aus dem Weißen Haus. Hamburg 2012, S. 205
236 Ebd., S. 212 f.

237 Robert Kennedy, S. 133
238 Ebd., S. 78
239 Taubman, loc. 1389
240 Schlesinger, Kennedy, John F., S. 424
241 Widmer, S. 233 f.
242 Robert Kennedy, S. 71
243 Public papers 1962, Foreword
244 Taubman, loc. 15064
245 Ebd., loc. 512
246 Public Papers 1963, Nr. 232
247 Alle Angaben nach Neil Sheehan (Hg.): Die Pentagon-Papiere – Die geheime Geschichte des Vietnamkriegs. München 1971
248 Collier und Horowitz, S. 343
249 Rede vor dem Cathedral Club, Boston, 21. Januar 1954, Pre-Presidential Papers, JFKL
250 Congressional Record, 83rd Congress, 2nd Session, S. 4671 ff.
251 Kennedy, Strategy of Peace, S. 93
252 Interview mit Walter Cronkite, 2. September 1963. Public Papers 1963, Nr. 340. Und: https:/www.mtholyoke.edu/acad/intrel/kentv.htm
253 Interview mit Chet Huntley und David Brinkley, 9. September 1963. Public Papers 1963, Nr. 349. Und: https:/www.mtholyoke.edu/acad/intrel/kentv.htm
254 Interview mit Cronkite, 2. September 1963
255 Robert Kennedy zitiert nach Fairlie, S. 349. Maxwell Taylor zitiert nach Bruce Miroff: Pragmatic Illusions. The Presidential Politics of John F. Kennedy. New York 1976, S. 146
256 «Atlanta Constitution», 21. April 1954
257 Kenneth O'Donnell: LBJ and the Kennedys. «Life», 7. August 1970
258 Public Papers 1963, Nr. 356. Und: https:/www.mtholyoke.edu/acad/intrel/pentagon2/ps39.htm
259 Herbert C. Parmet: JFK: The Presidency of John F. Kennedy. New York 1983, S. 335
260 «New York Review of Books», 10. November 1988
261 Harris Wofford Oral History Interview, JFKL
262 «New York Post», 8. April 1960
263 Tom Wicker: Kennedy Without Tears: The Man Behind the Myth. New York 1964, S. 37
264 Schlesinger, A Thousand Days, S. 966
265 Harris Wofford Oral History Interview, JFKL
266 Public Papers 1961, Nr. 291
267 Arthur M. Schlesinger, Jr.: Robert Kennedy and His Times. Boston 1978, S. 324
268 Harris Wofford Oral History Interview, JFKL
269 Public Papers 1963, Nr. 237. Und: http://www.jfklibrary.org/Research/Ready-Reference/JFK-Speeches/Radio-and-Television-Report-to-the-American-People-on-Civil-Rights-June-11–1963.aspx
270 Schlesinger, A Thousand Days, S. 932
271 Theodore White Notes, JFKL; «Life», 6. Dezember 1963
272 Crown, S. 44
273 Schlesinger, A Thousand Days, S. 1027
274 Smith, S. 142
275 Jacqueline Kennedy, Historic Conversations, loc. 735
276 Smith, loc. 333
277 Ebd., loc. 402
278 Dallek, S. 484
279 Ebd., S. 486
280 Ebd., S. 487
281 Widmer, S. 116
282 Dallek, S. 399
283 Smith, S. 152
284 Davis, S. 390
285 Fay, S. 240
286 Jacqueline Kennedy, Historic Conversations, S. 21
287 Smith, S. 163
288 Ebd.
289 Caro, S. 309
290 Report of the President's Com-

mission on the Assassination of President John F. Kennedy (Warren Report). Washington, D. C., 1964, S. 48 ff. http://www.archives.gov/research/jfk/warren-commission-report/index.html

291 Warren Report: Hearings Vol. V, S. 179 f. http://www.history-matters.com/archive/contents/wc/contents_wh.htm

292 Warren Report: Hearings Vol. VII, S. 473

293 Warren Report: Hearings Vol. IV, S. 147 f.

294 Warren Report, S. 380

295 Ebd., S. 391

296 Ebd., S. 394

297 Warren Report: Hearings Vol. XVI, S. 429

298 Facts on File: Three Assassinations. The Deaths of John and Robert Kennedy and Martin Luther King. New York 1971, S. 22

299 Warren Report, S. 354

300 William Manchester: The Death of a President: November 20–25, 1963. New York 1967, S. 233 ff.

301 Radio Moskau, englischer Dienst: http://karws.gso.uri.edu/jfk/history/wc_period/Soviet_broadcasts/22–26Nov/USSR/CommentAssTheory.html

302 Radio Moskau, englischer Dienst: http://karws.gso.uri.edu/jfk/history/wc_period/Soviet_broadcasts/22–26Nov/USSR/Viktorov.html

303 Caro, S. 445 f.

304 Ebd., S. 585

305 U. S. Senate Select Committee to Study Governmental Operations with Respect to Intelligence Activities: Alleged Assassination Plots Involving Foreign Leaders: An Interim Report. (Church Report) 94th Congress, 1st Session, Report No. 94–465. Washington, D. C., 1975. http://www.aarclibrary.org/publib/contents/contents_church.htm

306 Caro, S. 585

307 Church Report Book V, S. 14. http://www.aarclibrary.org/publib/church/reports/book5/html/ChurchVol5_0010b.htm

308 Ebd., S. 567

309 Facts on File: Three Assassinations, S. 52

310 «New York Times», 20. Oktober 1975

311 http://www.history-matters.com/archive/contents/contents_hsca.htm

312 David Belin: Final Disclosure. The Full Truth About the Assassination of President Kennedy. New York 1988, S. 39

313 Warren Report: Hearings Vol. XVI, S. 426 f.

314 Warren Report: Hearings Vol. V, S. 179 f.

Zeittafel

1917 John Fitzgerald Kennedy wird am **29. Mai** in Brookline, Massachusetts, geboren. Am **6. April** sind die USA an der Seite Frankreichs und Großbritanniens in den Ersten Weltkrieg eingetreten. **24./25. Oktober:** Machtübernahme der Bolschewiki in Russland

1918 Am **11. November** ist der Erste Weltkrieg beendet.

1929 Umzug der Familie nach Bronxville, New York; Joseph P. Kennedy kauft das Sommerhaus in Hyannis Port. **29. Oktober:** Börsenkrach in New York; Beginn der Weltwirtschaftskrise

1930 Besuch des katholischen Internats Canterbury

1931 Einschulung im protestantischen Internat Choate in Wallingford, Connecticut

1933 **30. Januar:** Hitler wird Reichskanzler. **4. März:** F. D. Roosevelt wird Präsident der USA.

1935 Schulabschluss. Im **Sommer** Reise nach England, um an der London School of Economics zu studieren. Krankheit erzwingt Rückkehr in die USA. Im **Herbst** Immatrikulation an der Universität Princeton. Krankheit erzwingt Abbruch des Studiums.

1936 Immatrikulation an der Universität Harvard. Im **November** wird Roosevelt wiedergewählt.

1937 Im **Sommer** Reise nach Frankreich, Spanien und Italien. Empfang beim Papst. Im **Dezember** wird Joseph P. Kennedy zum Botschafter der USA in Großbritannien ernannt.

1938 Am **29. Mai** erhält John F. Kennedy ein Treuhandvermögen von 1 Million Dollar vom Vater. Am **30. September** unterzeichnen Deutschland, Frankreich, Großbritannien und Italien das Münchener Abkommen.

1939 Arbeit in der Londoner Botschaft. Im **Sommer** Reise nach Polen, Russland, Deutschland, Frankreich und in die Türkei. Am **1. September** marschieren deutsche Truppen in Polen ein. Am **3. September** erklären Frankreich und Großbritannien Deutschland den Krieg.

1940 Am **18. Juni** bittet Frankreich um Waffenstillstand. **21. Juni**: Studienabschluss «cum laude» im Hauptfach Politische Wissenschaften. Im **Juli** Veröffentlichung der überarbeiteten Abschlussarbeit unter dem Titel «Why England Slept». Im **Herbst** Immatrikulation an der kalifornischen Universität Stanford, um Betriebswirtschaft zu studieren. Im **November** wird Roosevelt wiedergewählt.

1941 **Februar:** Abbruch des Studiums. Reise durch Südamerika. Am **22. Juni** überfällt Deutschland die Sowjetunion. Im **September** Meldung zur Marine. Arbeit beim Abschirmdienst der Marine in Washington. Verhältnis mit Inga Arvad. **7. Dezember:** Der japanische Angriff auf Pearl Harbor zieht die USA in den Zweiten Weltkrieg.

1942 Am **14. Januar** wird Kennedy nach Charleston, South Carolina, versetzt. Ab **Juli** Ausbildung für den Dienst zur See

1943 Am **26. März** übernimmt Kennedy das Kommando über «PT 109». Am **2. August** wird «PT 109» versenkt, die Mannschaft am **7. August** gerettet. Im **Dezember** wird Kennedy in die USA zurückversetzt.

1944 **12. August:** Tod des älteren Bruders Joe jr. Im **November** wird der schon kranke Roosevelt wiedergewählt.

1945 **April:** Beendigung des Militärdienstes. **12. April:** Tod Roosevelts. Truman wird Präsident. **30. April:** Selbstmord Hitlers. Am **8. Mai** kapituliert Deutschland. **Juni:** Korrespondent für die Hearst-Gruppe bei der Gründungsversammlung der Vereinten Nationen in San Francisco. **6. und 9. August:** Atombombenabwurf auf Hiroshima und Nagasaki. Am **15. August** kapituliert Japan. Im **Sommer** berichtet Kennedy für Hearst über die britischen Parlamentswahlen und die Potsdamer Konferenz. Krankheit erzwingt Rückkehr in die USA.

1946 Am **5. März** beschreibt Winston Churchill mit seiner Rede in Fulton, Missouri, den «Eisernen Vorhang», der Europa teilt. Der Kalte Krieg hat begonnen. Am **5. November** wird John F. Kennedy in den Kongress gewählt.

1947 Im **Sommer** Reise nach Irland und England. Nach einem Zusammenbruch in London wird die Addison-Krankheit diagnostiziert.

1948 **13. Mai:** Tod der Schwester Kathleen bei einem Flugzeugabsturz

1949 **25. Januar:** Rede im Kongress gegen die Chinapolitik Trumans. **24. Mai:** Gründung der Bundesrepublik Deutschland. Am **29. August** testet die Sowjetunion ihre erste Atombombe. **1. Oktober:** Mao Tse-tung ruft die «Volksrepublik China» aus. **7. Oktober:** Gründung der DDR

1950 Am **9. Februar** hält Joseph McCarthy eine Rede in Wheeling, West Virginia, gegen angebliche kommunistische Verräter in der Regierung. Beginn des «McCarthyismus»

1952 **4. November:** Sieg Kennedys über Henry Cabot Lodge bei der Wahl zum Senat. Dwight D. Eisenhower wird zum Präsidenten gewählt

1953 **5. März:** Tod Stalins. **23. März:** Charlie Chaplin erklärt, dass er wegen «des Drucks mächtiger reaktionärer Kräfte» nicht weiter in den Vereinigten Staaten leben und arbeiten kann. **19. Juni:** Hinrichtung von Julius und Ethel Rosenberg in Sing Sing wegen Atomspionage für die Sowjetunion. **7. September:** Nikita Chruschtschow wird Parteichef und damit mächtigster Mann in der Sowjetunion. Am **12. September** heiratet Kennedy Jacqueline Bouvier.

1954 **7. Mai:** Niederlage der französischen Kolonialtruppen bei Dien Bien Phu in Vietnam. **17. Mai:** Das Oberste Gericht der USA erklärt die Rassentrennung an Schulen für verfassungswidrig. **19. Juli:** Elvis Presleys erste Single erscheint. Seit dem **21. Oktober** ist Kennedy wegen einer Rückenoperation im Krankenhaus. Am **2. Dezember** wird Joseph McCarthy durch den Senat verurteilt. Kennedy gibt seine Stimme nicht ab.

1955 Im **Februar** zweite Rückenoperation. Arbeit an «Zivilcourage». **1. Dezember:** Rosa Parks wird in Montgomery, Alabama, verhaftet, weil sie ihren Sitz im Bus nicht für einen Weißen aufgibt. Beginn der Bürgerrechtsbewegung

1956 **1. Januar:** «Zivilcourage» erscheint und wird ein Bestseller. **25. Februar:** Geheimrede Chruschtschows gegen Stalin auf dem 20. Parteitag der KPdSU. Beim Parteitag der Demokratischen Partei im **August** nominiert Kennedy Adlai Stevenson als Präsidentschaftskandidaten, unterliegt als Kandidat für die

Vizepräsidentschaft gegen Estes Kefauver. Anschließend Urlaub an der Riviera. **27. August:** Jacqueline erleidet eine Fehlgeburt. Im **November** wird Eisenhower wiedergewählt.

1957 **25. März:** Gründung der «Europäischen Wirtschaftsgemeinschaft» (EWG), der Vorgängerorganisation der Europäischen Union. Im **April** erhält Kennedy den Pulitzer-Preis für «Zivilcourage». **4. Oktober:** Die Sowjetunion schickt mit «Sputnik» den ersten künstlichen Satelliten in eine Erdumlaufbahn. **27. November:** Geburt der Tochter Caroline

1958 **31. Januar:** Erster amerikanischer Satellit im Weltraum. **4. November:** Wiederwahl Kennedys in den Senat

1960 Am **2. Januar** gibt Kennedy seine Kandidatur für das Amt des Präsidenten bekannt. **10. Mai:** Sieg gegen Hubert Humphrey in der Vorwahl von West Virginia. Am **13. Juli** wird Kennedy in Los Angeles von der Demokratischen Partei zum Präsidentschaftskandidaten nominiert. **26. September:** Erste Fernsehdebatte mit Richard Nixon. Am **8. November** gewinnt Kennedy die Präsidentschaftswahl knapp gegen Nixon. **25. November:** Geburt des Sohnes John F. Kennedy jr.

1961 **20. Januar:** Amtseinführung. John F. Kennedy ist 35. Präsident der USA. **12. April:** Der Russe Juri Gagarin fliegt als erster Mensch in den Weltall. **17. April:** Von der CIA ausgebildete Exilkubaner landen in der Schweinebucht. Die versuchte Invasion Kubas scheitert nach drei Tagen. **Mai:** Beginn der «Freiheitsfahrten» schwarzer und weißer Bürgerrechtsaktivisten. **5. Mai:** Alan Shepard fliegt als erster Amerikaner in den Weltraum. **25. Mai:** Kennedy setzt der Nation das Ziel, innerhalb eines Jahrzehnts einen Menschen auf den Mond zu bringen. **31. Mai:** Kennedy fliegt mit Jacqueline zu Gesprächen mit Charles de Gaulle nach Paris, trifft am **3. und 4. Juni** Nikita Chruschtschow in Wien, konferiert am **4. und 5. Juni** mit Harold MacMillan in London. **25. Juli:** Fernsehansprache wegen der Berlin-Krise. Am **13. August** errichten DDR-Volksarmisten und Betriebskampfgruppen eine Mauer in Berlin. **20. August:** Kennedy schickt amerikanische Truppen über die Autobahn zur Verstärkung der Garnison in Berlin. **27. / 28. Oktober:** Sowjetische und amerikanische Panzer stehen sich am Berliner Checkpoint Charlie gegenüber. **15.–17. Dezember:** Staatsbesuch mit Jacqueline in Puerto Rico, Venezuela und Kolumbien

1962 **3. Februar:** Handelsembargo gegen Kuba. **8. Februar:** Einrichtung eines US-Militärkommandos in Südvietnam. **12.–26. März:** Jacqueline besucht Indien und Pakistan. **11. – 13. April:** Konflikt mit Stahlfirmen wegen des Bruchs von Preisabsprachen mit der Regierung und den Gewerkschaften. Im **Juni** kehrt Lee Harvey Oswald aus der Sowjetunion zurück. **29. Juni – 1. Juli:** Staatsbesuch mit Jacqueline in Mexiko. **30. September / 1. Oktober:** Rassenunruhen in Oxford, Mississippi. Kennedy schickt Truppen, um die Ordnung wiederherzustellen. Am **5. Oktober** erscheint in Großbritannien die erste Single der Beatles. **11. Oktober:** Beginn des 2. Vatikanischen Konzils, mit dem eine Reform der katholischen Kirche eingeleitet wird. **16. – 28. Ok-**

tober: «Raketenkrise» um Kuba: Höhepunkt des Kalten Krieges. **29. Dezember:** In Miami empfängt Kennedy mit Jacqueline die aus kubanischer Gefangenschaft freigekauften Überlebenden der Invasionstruppe «Brigade 2506».

1963 **22. Januar:** Unterzeichnung des deutsch-französischen Freundschaftsvertrags durch Adenauer und de Gaulle in Paris. **12. Mai:** Nach Rassenunruhen schickt Kennedy Bundestruppen nach Birmingham, Alabama. **10. Juni:** Rede an der American University betont Notwendigkeit der Entspannung. **11. Juni:** Fernsehansprache zur Bürgerrechtsfrage. **19. Juni:** Kennedy leitet dem Kongress ein umfassendes Bürgerrechtsgesetz zu. **20. Juni:** Abkommen über Einrichtung eines «heißen Drahts» zwischen Moskau und Washington. **23. Juni – 2. Juli:** Reise nach Deutschland, Irland, Großbritannien und Italien. **26. Juni:** Reden vor dem Schöneberger Rathaus und an der Freien Universität Berlin. Am **25. Juli** wird der Atomteststoppvertrag von den USA, Großbritannien und der Sowjetunion in Moskau unterzeichnet. **7. August:** Geburt des Sohnes Patrick. Er stirbt am **9. August. 17. August**: Die von Bob Dylan geschriebene Bürgerrechtshymne «Blowin' In The Wind» ist in der Version von Peter, Paul and Mary Nr. 1 der US-Charts. **28. August:** «Marsch auf Washington»: 200 000 Bürgerrechtler versammeln sich in der Hauptstadt. Martin Luther King: «Ich habe einen Traum.» Kennedy empfängt die Anführer im Weißen Haus. **24. – 28. September**: Besuch in elf Staaten im Westen der USA, um für verstärkte Umweltschutzmaßnahmen zu werben. **9. Oktober:** Kennedy kündigt Verhandlungen über Weizenverkauf an die Sowjetunion an. **1. November:** Von den USA unterstützter Militärputsch in Südvietnam. Ngo Dinh Diem und sein Bruder werden ermordet. **21. November:** Kennedy beauftragt seine Berater, ein Programm zum «Krieg gegen die Armut» vorzubereiten. **22. November:** Kennedy wird in Dallas, Texas, erschossen. Lyndon B. Johnson wird 36. Präsident der Vereinigten Staaten. **24. November:** Lee Harvey Oswald, der mutmaßliche Mörder Kennedys, wird im Polizeigewahrsam von Jack Ruby erschossen. **25. November:** Staatsbegräbnis für John F. Kennedy auf dem Heldenfriedhof von Arlington

ZEUGNISSE

Gloria Steinem, Schriftstellerin (1983)
Es war, als ob die Zukunft starb. [...] Es ist nicht so, als ob es da keine Irrtümer gab. Er litt unter der Geisteskrankheit des Antikommunismus wie wir alle. Ich glaube, die Frauenbewegung war eine Sache, die Kennedy weder erwartete noch verstand. Aber für mich und, wie ich glaube, für viele Menschen meines Alters war es das einzige Mal, dass wir eine Verbindung zur Regierung spürten. Für Schriftsteller war es das einzige Mal, dass wir das Gefühl hatten, etwas, das wir geschrieben hatten, könnte im Weißen Haus gelesen werden. Es war das letzte Mal in meinem Leben, dass die Ansichten der Mehrheit in diesem Land etwas mit der Regierung zu tun hatten.

Eleanor Roosevelt, Politikerin (1959)
[...] ein Mensch, der weiß, was Zivilcourage ist, der sie bewundert, dem aber die Unabhängigkeit fehlt, sie auch zu besitzen.

Seymour Hersh, Journalist (1997)
[Mein] Buch handelt von einem Mann, dessen charakterliche Schwächen seine Fähigkeit einschränkten, die Pflichten des Präsidentenamts zu erfüllen. Das Buch handelt auch von der Macht des Schönen. Es erzählt von ansonsten starken und selbstbewussten Männern und Frauen, die Kennedys magnetischer Anziehung und seinen Verführungskünsten erlagen. Sie wetteiferten darum, dem charismatischsten Führer in der Geschichte Amerikas gefällig zu sein. Viele sind noch heute verblendet.

Ronald Reagan, Politiker (1960)
Sollte nicht irgendjemand dem «mutigen, neuen, phantasievollen» Programm des Herrn Kennedy sein wahres Alter attestieren? Unter der jungenhaft ungekämmten Frisur ist es immer noch Karl Marx – über ein Jahrhundert alt. Es gibt nichts Neues in der Idee, dass die Regierung unser aller Großer Bruder sein soll. Hitler hatte seinen «staatlichen Sozialismus», und lange vor ihm gab es die «paternalistische Monarchie».

Willy Brandt, Politiker (1964)
Die Tatsache allein, dass da die Jugend in die amerikanische Hauptstadt einzog und das Heft in die Hand nahm, genügte [...] noch nicht, den Beginn einer neuen Ära zu markieren. Dazu gehörte die feste Entschlossenheit des Präsidenten und seiner Mitarbeiter, die Demokratie aus der Defensive herauszuführen in eine Offensive.

Fidel Castro, Politiker (1965)
Johnson ist ein mittelmäßiger Bandit, während Kennedy ein intelligenter Bandit war.

Nikita Chruschtschow, Politiker (1970)
Stets werde ich des verstorbenen Präsidenten mit tiefer Hochachtung gedenken, denn letztlich erwies er sich als nüchterner Kopf und war entschlossen, einen Krieg zu vermeiden. Er ließ sich nicht einschüchtern, aber er wurde auch nicht leichtsinnig. Er überschätzte die Macht Amerikas nicht und hielt sich einen Weg aus der Krise offen. Er legte echte Weisheit und eine staatsmännische Haltung an den Tag.

Richard Nixon, Politiker (1978)
Als ich [1968] die Außenpolitik Amerikas in den sechziger Jahren überdachte, kam ich zum Ergebnis, dass sie unter Kennedy Geisel des Kalten Krieges, unter Johnson Geisel des Vietnam-Kriegs gewesen war.

Helmut Schmidt, Politiker (1969)
Dass die Sowjetunion den angekündigten Plan einer «Freien entmilitarisierten Stadt West-Berlin» als einer besonderen politischen Einheit fallenließ, war der Festigkeit der Westmächte zu verdanken, besonders der für Moskau eindeutigen Entschlossenheit Kennedys, notfalls um der Freiheit West-Berlins willen auch Krieg zu führen.

Frederick Kempe, Historiker (2011)
Zeitgenössische Berichte geben den Eindruck, Kennedy sei [vom Bau der Mauer] völlig überrascht worden. Bei näherer Betrachtung jedoch wird klar, dass Kennedy nicht nur irgendeine sowjetische Aktion von der Art erwartete, sondern dass er half, das Drehbuch dafür zu schreiben.

Norman Mailer, Schriftsteller (1962)
Ich würde sagen, dass es in Amerika heute eine höhere Akzeptanz der Sexualität gibt als vor seiner Wahl. [...] Wegen Kennedy – unbedingt.

Judith Campbell Exner, Playgirl (1977)
Seine Haltung war, dass er bedient werden sollte. Dies hatte zum Teil mit seinem Rückenproblem zu tun und zum Teil damit, dass er meiner Meinung nach von Frauen verwöhnt worden war.

Martin Luther King, Pastor (1965)
Seine letzte Rede über die Beziehungen zwischen den Rassen war der ernsthafteste, menschlichste, tiefste Aufruf zu Verständnis und Gerechtigkeit, den je ein Präsident seit den Gründungstagen der Republik getan hat. Als er starb, war er dabei, sich aus einem zaghaften Führer mit unklarer Zielsetzung in eine starke Gestalt zu verwandeln, deren Ziele eine gewaltige Anziehungskraft besaßen.

Lyndon B. Johnson, Politiker (1970)
Da war dieser junge Spund, malariakrank und gelblich – krank, krank. Im Senat hat er kein Wort von Bedeutung gesprochen und nichts getan. Aber irgendwie [...] gelang es ihm, sich als intellektuelle Leuchte darzustellen, als jugendlichen Führer, der das Gesicht des Landes verändern könnte. Also, ich gebe zu, dass er Humor hatte und im Fernsehen verdammt gut aussah. [...] Aber seine wachsende Macht über das amerikanische Volk blieb mir ein Rätsel.

Leonard Bernstein, Komponist und Dirigent (1965)
[...] eine bemerkenswerte Verbindung aus Ungezwungenheit und Würde, Lässigkeit und Majestät. [...] Erst als es vorbei war, erkannten wir, wie anders das Leben war mit Kennedy im Weißen Haus.

Marina Oswald, Ehefrau des Attentäters (1963)
Ich weiß nicht, warum, aber ich weinte um den Präsidenten, als hätte ich einen engen Freund verloren, obwohl ich aus einem anderen Land stamme und sehr wenig von ihm weiß.

Jacqueline Kennedy (1953)
Männer nennen ihn nachdenklich, ehrlich / Und erkennen in ihm nicht den Letzten Kavalier.

Bibliographie

Die erste Biographie John F. Kennedys erschien bereits zu seinen Lebzeiten. Der bekannte liberale Historiker James MacGregor Burns wurde von der Familie beauftragt, ein Buch zu schreiben, das den Kandidaten vorstellen sollte. Es spricht für den Autor, dass *John Kennedy: A Political Profile* (New York 1960) den Auftraggebern missfiel. Ebenfalls zu Lebzeiten Kennedys schrieb der konservative Kolumnist Victor Lasky seine parteiliche, aber lesenswerte Kritik *JFK: The Man and the Myth* (New York 1963).

Im Jahrzehnt nach dem Attentat von Dallas bestimmten zwei Biographien das Bild Kennedys, die von Mitarbeitern geschrieben wurden und Kennedy als einen Präsidenten darstellten, der das Zeug zur Größe hatte. Redenschreiber und Berater Theodore C. Sorensen veröffentlichte *Kennedy* (New York 1965; dt. *Kennedy*, München 1966); Hofhistoriker und Berater Arthur M. Schlesinger, Jr. *A Thousand Days: John F. Kennedy in the White House* (Boston 1965; dt. *Die Tausend Tage Kennedys*, Bern 1966). Die Bücher sind immer noch lesenswert wegen des Insider-Blicks auf das politische Geschäft. Es sind aber auch Hagiographien, die den Präsidenten – und die Autoren, die überdies Rivalen waren – in ein möglichst günstiges Licht setzen sollen.

Nach dem Scheitern der großen Reformvorhaben Lyndon B. Johnsons begannen Mitte der 1970er Jahre einige Autoren den Kennedy-Mythos zu hinterfragen. Die erste – und bis heute unübertroffen geistreiche – Kritik des Politikstils von John und Robert Kennedy schrieb der in Amerika lebende britische Konservative Henry Fairlie: *The Kennedy Promise: The Politics of Expectation* (Garden City 1973). Derweil hinterfragten Joan und Clay Blair als Erste die von der Familie sorgfältig gepflegten Mythen seiner Biographie. *The Search for JFK* (New York 1976) deckte die bis dahin geheim gehaltene Krankengeschichte Kennedys und die Ungereimtheiten um die Versenkung von «PT 109» im Pazifik auf.

In der Folge erschienen viele Bücher, die vor allem den Widerspruch zwischen Image und Wirklichkeit und Kennedys Charakterschwächen thematisieren. Zu nennen ist hier vor allem das Werk des Historikers Thomas C. Reeves, *A Question of Character: A New Life of John F. Kennedy* (New York 1991), das die bis dahin veröffentlichte kritische Literatur zusammenfasst und zu einem vernichtenden Urteil über den Menschen Kennedy kommt. Mein eigenes Buch *John F. und Jackie Kennedy. Das Königspaar im Weißen Haus* (Berlin 1997) ist ebenfalls in dieser Reihe zu nennen. Der investigative Journalist Seymour Hersh unternahm mit *The Dark Side of Camelot* (New York 1996; dt. *Kennedy: Das Ende einer Legende*, Hamburg 1998) den Versuch einer umfassenden Demontage des Charakters und der Politik

Kennedys. Sein Enthüllungsbuch enthält jedoch so viele sachliche Fehler und unbewiesene Behauptungen, teils aus anonymen Quellen, dass es eher dem Ruf des Autors schadete.

Jede Biographie John F. Kennedys muss von der außergewöhnlichen Geschichte der Kennedy-Dynastie ausgehen. Die psychohistorische Studie von Nancy Gager Clinch: *The Kennedy Neurosis: A Psychological Portrait of an American Dynasty* (New York 1973) wurde bei ihrem Erscheinen vom liberalen Magazin «The New Yorker» wegen ihres «militanten Feminismus» kritisiert, hat aber alle folgenden Studien stark beeinflusst. Die lesenswertesten sind Peter Collier und David Horowitz: *The Kennedys: An American Drama* (New York 1984; dt. *Die Kennedys: Ein amerikanisches Drama*, Berlin 1985) und Doris Kearns Goodwin: *The Fitzgeralds and the Kennedys. An American Saga* (New York 1987). Der britische Historiker Nigel Hamilton legte mit *JFK: Reckless Youth* (New York 1992; dt. *John F. Kennedy: Wilde Jugend*, Frankfurt/Main 1993) den ersten Band einer geplanten zweibändigen Kennedy-Biographie vor, in dem er den jungen Kennedy als sympathischen Rebell gegen seine bigotte und reaktionäre Familie darstellt. Nicht zuletzt dank der Reaktion der Kennedys, die eine publizistische Kampagne gegen den Autor organisierten, ließ Hamilton den Plan eines Folgebands fallen. Thomas Maier führt mit *The Kennedys: America's Emerald Kings* (New York 2003) die Geschichte bis ins neue Jahrtausend fort und betont den von den anderen Biographen vernachlässigten Einfluss der katholischen Kirche auf die Geschicke der Familie.

Mit dem Abstand zu den politischen und kulturellen Kämpfen des späten 20. Jahrhunderts finden auch Historiker zu einem ausgewogenen Urteil über Kennedy. Hier ist vor allem Robert Dallek zu nennen. *An Unfinished Life: John F. Kennedy 1917–1963* (New York 2003; dt. *John F. Kennedy. Ein unvollendetes Leben*, München 2003) verschweigt nichts und beschönigt wenig, kommt aber zum Ergebnis, dass «die tausend Tage Kennedys die besseren Engel Amerikas ansprachen». Auch der bei seinem Abschied 1968 bei Linken und Rechten gleichermaßen verhasste Lyndon B. Johnson wird heute gerechter beurteilt. Meisterhaft ist die mehrbändige Biographie Johnsons von Robert A. Caro. Der vierte Band, *The Passage of Power* (New York 2012), ist eine unverzichtbare Lektüre, weil er den Aufstieg und die Präsidentschaft Kennedys aus dem Blickwinkel seines unterschätzten Rivalen und Nachfolgers betrachtet.

Die Rolle Jacqueline Kennedys beleuchtet Sally Bedell Smith in *Grace and Power: The Private World of the Kennedy White House* (London 2004). Das Buch ist zwar im Ton eines Klatschmagazins geschrieben, jedoch ordentlich recherchiert.

Zum weltpolitischen Hintergrund der Kennedy-Jahre bietet John Lewis Gaddis: *The Cold War. A New History* (New York 2005;

dt. *Der Kalte Krieg. Eine neue Geschichte*, Berlin 2007) eine gute Einführung. Für deutsche Leser sind die Ereignisse zwischen dem Mauerbau 1961 und Kennedys triumphalem Berlin-Besuch 1963 von besonderem Interesse. Frederick Kempe, Kolumnist des «Wall Street Journal», liefert mit *Berlin 1961: Kennedy, Khrushchev and the World's Most Dangerous Place* (New York 2011; dt. *Berlin 1961. Kennedy, Chruschtschow und der gefährlichste Ort der Welt*, Berlin 2011) eine spannend geschriebene Darstellung der Vor- und Nachgeschichte des Mauerbaus. Seine These, Kennedy hätte den Mauerbau verhindern und womöglich damit schon 1961 den Niedergang der Sowjetunion einleiten können, ist allerdings abenteuerlich. Christof Münger beschreibt in *Kennedy, die Berliner Mauer und die Kubakrise. Die westliche Allianz in der Zerreißprobe 1961–1963* (Paderborn 2003) die Spannungen zwischen Deutschland und Frankreich einerseits, Großbritannien und den USA andererseits. Rolf Steininger hat mit *Die Kubakrise 1962: Dreizehn Tage am atomaren Abgrund* (München 2011) eine gut lesbare Darstellung mit vielen Literaturhinweisen und einem Verzeichnis weiterführender Internet-Links vorgelegt.

Für die Anfänge des Vietnamkriegs lohnt sich immer noch die Lektüre von David Halberstam: *The Making of a Quagmire: America and Vietnam during the Kennedy Era* (New York 1965; dt. *Vietnam oder Wird der Dschungel entlaubt?* Reinbek 1965). Der Journalist war zu der Zeit Reporter in Vietnam. Halberstam beschreibt in *The Best and the Brightest* (New York 1972; dt. *Die Elite*, Reinbek 1974) das Versagen des von Kennedy zusammengestellten Teams von Akademikern und Managern angesichts der unvorhergesehenen Ereignisse der späten 1960er Jahre. Die Sicht und Reaktion der Administration auf die sozialen Umwälzungen der Zeit beschreibt Kennedys Sonderbeauftragter für Bürgerrechtsfragen Harris Wofford: *Of Kennedys and Kings: Making Sense of the Sixties* (New York 1980).

Die Literatur zum Attentat von Dallas ist dank der immer noch wuchernden Verschwörungstheorien unübersehbar. Jede ernsthafte Beschäftigung mit dem Thema muss vom Warren-Bericht ausgehen, der trotz seiner erheblichen Mängel die Täterschaft Lee Harvey Oswalds beweist: *Report of the President's Commission on the Assassination of President Kennedy* («Warren Report», Washington, D. C., 1964; dt. *Der Warren-Bericht*, Gütersloh 1964). Ob Oswald allein oder als Teil einer wie auch immer gearteten Verschwörung handelte, war Gegenstand verschiedener offizieller Untersuchungen, die – wie der Warren-Bericht – teilweise bei den «National Archives», teilweise bei privat betriebenen Websites online zu finden sind:

http://www.archives.gov/research/jfk/

http://www.history-matters.com/archive/contents/contents_jfk.htm

Es handelt sich um folgende Berichte: *Report to the President by the Commission on CIA Activities within the United States* («Rockefeller Report», Washington, D. C., 1975); *Alleged Assassination Plots Involving Foreign Leaders: an Interim Report of the Select Committee to Study Governmental Operations with Respect to Intelligence Activities*, United States Senate («Church Report», Washington, D. C., 1975); *Select Committee to Study Governmental Operations with Respect to Intelligence Activities, United States Senate: The Investigation of the Assassination of President John F. Kennedy: Final Report, Book V* («Schweiker Report», Washington, D. C., 1976); *Report of the Select Committee on Assassinations, US House of Representatives, 95 th Congress, 2 nd Session: Findings and Recommendations* («Stokes Report», Washington, D. C., 1979); *Report of the committee on Ballistic Acoustics* (Washington, D. C., 1982).

Immer noch lesenwert ist die Reportage von William Manchester: *The Death of a President: November 22–25*, 1963 (New York 1967; dt. *Der Tod des Präsidenten*, Frankfurt / Main 1967). Manchester hat im Gegensatz zu vielen späteren Autoren fast alle Beteiligten und Zeugen selbst interviewt. Eine exzellent recherchierte Biographie Lee Harvey Oswalds liefert Norman Mailer: *Oswald's Tale. An American Mystery* (New York 1995; dt. *Oswalds Geschichte. Der Fall Lee Harvey Oswald: Ein amerikanisches Trauma*, München 1996). Eine Übersicht über die zwanzig (!) wichtigsten Verschwörungstheorien geben Bob Callahan und Mark Zingarelli: *Who Shot JFK? A Guide to the Major Conspiracy Theories* (New York 1993). Der Anwalt und – allerdings umstrittene – Journalist Gerald Posner legte mit *Case Closed* (New York 1993) eine umfassende Widerlegung der Verschwörungstheorien vor. Oswald habe, wie es der Warren-Bericht behauptete, allein gehandelt. Der Jurist und Bestsellerautor Vincent Bugliosi kommt in seinem massiven Werk *Reclaiming History: the Assassination of President John F. Kennedy* (New York 2007; Kurzfassung: *Four Days in November: the Assassination of President John F. Kennedy*, New York 2007) zum gleichen Ergebnis.

Die Präsidentenbibliothek:

Die Sammlung des von den National Archives verwalteten *John F. Kennedy Presidential Library and Museum* in Boston umfasst neben offiziellen Dokumenten, Bild- und Filmmaterial vor allem viele Nachlässe und Transkripte der Erinnerungen (Oral History Interviews) von Akteuren, Zeitzeugen, Bekannten und Verwandten, die immer noch ergänzt werden.
http://www.jfklibrary.org/

Quellennachweis der Abbildungen

ddp images, Hamburg: 2 (United Archives), 29 (AP), 46 (AP), 92/93 (AP), 149 (AP)
JKF Library, Boston: 6 (Cecil Stoughton), 30/31 (Dorothy Wilding), 122, 140 (Cecil Stoughton), 159 (Cecil Stoughton)
ullstein bild, Berlin: 10 (Gerhard), 60 (United Archives), 66 (TopFoto), 95 (Roger-Viollet), 116 (Jung), 123, 138, 148 (United Archives), 162 (TopFoto), 163 (The Granger Collection), 168 (TopFoto)
Aus: Triumph und Tragödie. Hg. von Sidney C. Moody. Hamburg 1968: 16
JFK Library Foundation, Boston: 21, 25
Getty Images: 35, 89 (Bettmann), 135 (2), 173 (Bob Gomel)
Aus: Robert J. Donovan: Kennedy auf PT 109. München 1962: 38
Picture-Alliance, Frankfurt a. M.: 50 (Everett Collection), 101 (White House via CNP), 155 (dpa), 164 (ZUMA Press)
LIFE © Time Inc.: 57 (Yale Joel), 130 (Paul Schutzer)
From *Profiles in Courage*. Copyright © 1955, 1956 by John F. Kennedy; copyright © 1984 renewed by Jacqueline Kennedy Onassis. All rights reserved. Reprinted by arrangement with HarperCollins Publishers, New York: 72
Cecil W. Stoughton, commons.wikimedia.org: 157 (CC-BY-SA 3.0)
Cornell Capa © International Center of Photography/Magnum Photos/Agentur Focus, Hamburg: 85
Aus: Elmar May: Che Guevara. Reinbek 1973: 108
© Panoramic Images: 78 (Mark Segal)

- Patrick Kennedy 1823 – 1858
  - Patrick Joseph Kennedy 1858 – 1929
    - Joseph Patrick Kennedy (1888 – 1969)
      - Joseph Patrick Kennedy Jr. (1915 – 1944)
      - John Fitzgerald Kennedy (1917 – 1963)
        - ∞ 1953 Jacqueline Lee Bouvier (1929 – 1994)
        - **Kinder**
          - Caroline Bouvier Kennedy (1957 –)
          - John Fitzgerald Kennedy Jr. (1960 – 1999)
          - Patrick Bouvier Kennedy (1963 –)
      - Rosemary Kennedy (1918 – 2002)
      - Kathleen Agnes Kennedy (1920 – 1948)
        - ∞ 1944 William Cavendish, Marquess of Hartington (1917 – 1944)
      - Eun Ma Kenn (1921 –
        - ∞ 19 Rob Sarg Shriv (1915
        - **5 Kir**

Die Dynastie

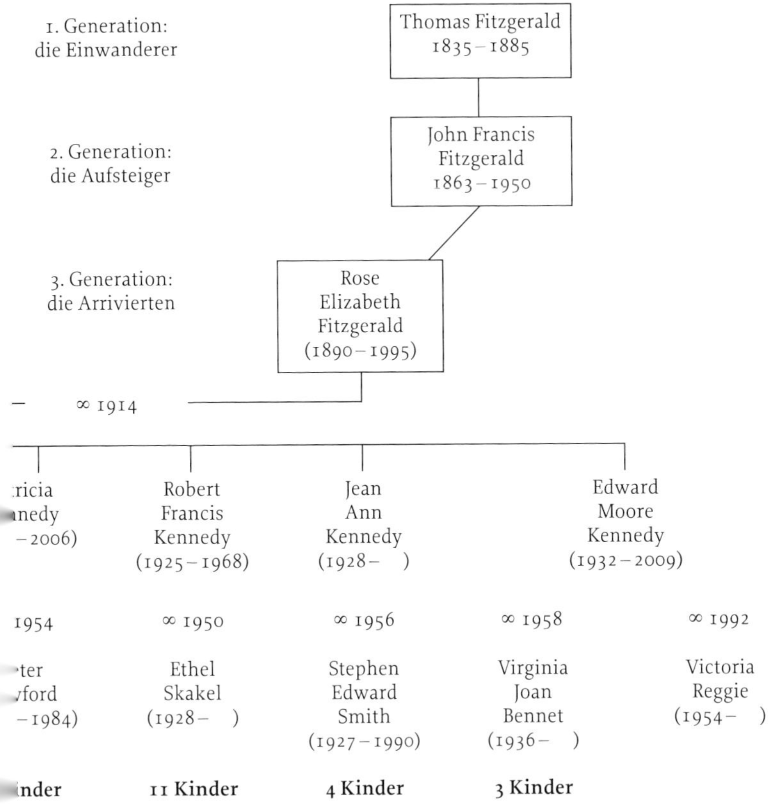

Namenregister

Die kursiv gesetzten Zahlen verweisen auf die Abbildungen.